牛津非常短講 017

都市計劃
City Planning

A VERY SHORT INTRODUCTION

卡爾・阿博特——著
Carl Abbott
賴彥如——譯　黃偉茹——引言　洪廣冀——系列總引言

目　次

系列總引言

來吧，來認識「周遭」：二十一世紀的環境課

洪廣冀｜臺灣大學地理環境資源學系副教授

《二十一世紀的環境課》包含六個主題，同時也是六本小書，分別是《生物地理學》、《入侵物種》、《火》、《都市計劃》、《人口學》與《冷戰》。這是左岸文化編輯室為台灣讀者精心構思的課程，也是繼《二十世紀的主義們》、《二十一世紀的人生難題》後的第三門課。

《二十一世紀的環境課》的六本指定閱讀均出自牛津大學出版社的Very Short Introduction書系。如書系名所示，這些書都非常短，文字洗鍊，由各領域的中堅學者撰寫，如同進入各領域的敲門磚或拱心石（keystone）。

在規劃《二十一世紀的環境課》時，編輯室聘請優秀譯者翻譯，同時也為每本書找了專業審定者，並請他們撰寫導讀。審定者與導讀者都是一時之選；如《生物地理學》是由《通往世界的植物》、《橫斷臺灣》的作者游旨价翻譯與導讀，《入侵物種》則是中山大學的生物學者顏聖紘、《人口學》是政治大學社會學者鄭力軒、《火》為生物多樣性研究所的生物學家林大利、《都市計劃》為成功大學都市計劃學系的黃偉茹、《冷戰》為中研院近史所的陳冠任。在閱讀《二十一世紀的環境課》六本小書時，搭配這些由名家撰寫的導讀，讀者不僅可以很快進入各書主題，更可藉此思考這些主題與台灣的關係。

我是個環境史研究者，一直在臺灣大學地理環境資源學系開設環境史及科技與社會等相關課程。跟編輯幾次交流，並詳讀她規劃的六本指定閱讀後，我深受啟發，也想把這堂課推薦給各位。

什麼是「環境」?

既然這門課叫做「二十一世紀的環境課」，我想我就從「環境」(environment)這個關鍵字開始。

艾蒂安・本森(Etienne S. Benson)是一位環境史家，目前擔任德國馬克斯普朗克科學史研究所的所長。二〇二〇年，他出版《周遭：環境與環境主義的一段歷史》(*Surroundings: A History of Environments and Environmentalisms*)。當中，他拋出一個很有意思的問題：到底什麼是環境(environment)？為什麼人們不乾脆用「自然」(nature)就好？環境，顧名思義，就是周遭(surroundings)的意思；若是如此，人們是在什麼時候意識到的此「周遭」的重要性？環境是透過什麼樣的科學實作(如觀察、測量、監測)而成為一個人們可以與之互動的「東西」?

本森表示，環境史研究者花了很多時間探討環境主義的起源、自然的含義、不同政治與社會制度對於環境的影響，但他們彷彿把「環境」當成不證自明的「背景」。本森認為，在英文的科學文獻中，環境一詞在十九世紀下半葉大量出現；用來指涉生物(organism)得面對與適應的外在限制。以社會達爾文主義（social Darwinism）聞名的社會理論家赫伯特・史賓賽（Hebert Spencer）便是這樣看待環境。本森認為，這是個值得注意的現象。在史賓賽及其同代人之前，人們會使用「環境」這個字，但少有自然哲學家（natural philosophers，類似今日的科學家）會把這個詞當成一回事。對他們而言，環境就是某種可有可無、邊邊角角的存在。

本森認為，即便環境在十九世紀下半葉大量出現在英文科學文獻中，但此現象仍有其「前史」。他指出，關鍵在於十八世紀末至十九世紀初博物學（natural history）的急遽發展，特別是以巴黎自然史博物館為中心的「功能式」（functional）博物學。此博物學的奠基者為居維葉（Georges Cuvier，1769–1832）。拜拿破崙之賜，當時的法國是個不折不扣的帝國，而巴黎自然史博物館是個為帝國服務、清點帝國究竟掌握多少資源的計算中心。居維葉發展出一種新穎的分類法，即從器官（organ）的型態與彼此的關係出發，探討其功能，說明由器官構成的生物（organism）如何地適應環境。本森指出，即是在此氛圍下，環境再也不被視為背景或脈絡，反倒是生物得去試著適應的對象，且此適應也會表現在器官的型態與器官間的關係上。

事實上，本森指出，英文的環境，即environment，本來就是法文。即便當時的法國人傾向使用milieu一詞，但environment一詞就此傳播開來。他也認為，環境一詞歷經熱帶醫學、生態學、生物圈、系統科學等學科的洗禮與洗練，經歷百餘年的演化後，於一九七〇年代被卡森（Rachel Carson，1907–1964）等生態學者援用，於《寂靜的春天》（*Silent Spring*，1962）等暢銷書中賦予更深遠的意義。時至今日，當我們提到環境時，我們不會認為這只是個背景或脈絡，反倒是與生命緊密相連、息息相關的「周遭」。此「周遭」包覆著人與其他的生命；有了此「周遭」的存在，人與其他的生命也彼此相連，形成環環相扣的整體。

六個子題

《二十一世紀的環境課》共有六堂課，每堂課都有一本指定閱讀。透過這六本書，我們可以掌握環境一詞的歷史演變：在面對當代環境議題時，我們也需要具備的概念與實作技巧。

第一門課是《生物地理學》。生物地理學是一門探討生物之空間分布的學問，為理解演化生物學與生態學的鑰匙。人們一度相信，物種之分布呈現造物者的「計畫」；在此視野下，物種與環境如同造物者的棋子與棋盤。生物地理學的興起挑戰這樣的見解。當造物者逐漸隱身的時候，就是環境與物種的「能動性」浮現於歷史舞臺之時。我們將探討當代生物地理學主要取向與研究方法，也會了解當代生態保育的核心概念與手段。

第二門課是《入侵物種》。為何某些物種會被視為「入侵」？在本堂課中，各位將學到，「入侵物種」不是個不證自明的類別，既牽涉到人類之於特定生態系的破壞、眾多政策的非預期後果、商業與貿易網絡的擴張等。要了解什麼是入侵物種，並進而防治它，減低對特定生態系的危害，我們得同時採用生態系經營的視野，輔以人文社會科學的分析與政策工具。「入侵物種」同時也帶出當代環境倫理的思考。到底哪些物種算是「原生」，哪些又是入侵？若遷徙與越界本來就是生命的常態，我們該如何劃下那條分開原生與入侵種的界線？到頭來，這些議題都牽涉到，同樣為生物體的人們，究竟活在什麼樣的環境中，且如何照料與我們同處在同一個環境中的非人物種，反思我們與這些非人的關係。

第三門課為《火》。火是一種能量的形式，是人類得以打造文明的開端，同時也是對人類文明的莫大威脅。火本身乃至於火營造的環境，同時也是眾多生靈得以落地生根的關鍵因素。人乃至於其他生物與火的關係為何？火之於特定生態系的作用為何？人該如何駕馭火，該駕馭到什麼程度？太陽是團火，生命其實也如同火；因人類活動而誘發的氣候變遷，也開始讓地球如同著火般地燥熱。環繞在火而展開的「火成生態學」、「火成多樣性」與氣候變遷生態學，是當代環境管理的新視野。這門課將帶領各位一窺這些新興領域的堂奧。

第四門課為《人口學》。論及環境思潮的發展，十九世紀中葉的「達爾文革命」是個重要的分水嶺。然而，少為人知的是，在提出演化論時，達爾文重要的靈感來源為英國政治經濟學者馬爾薩斯的人口學。馬爾薩斯的見解很簡單：人口是以等比級數增長，糧食則為等差級數，即糧食的稀缺是必然的，人口也必然面臨貧窮與饑荒等危機。二戰後，當環境學者在思考該如何保護環境時，「人口炸彈」同樣為重要的參考對象。換言之，人口學與環境科學可說是一枚銅板的兩面。

這是為什麼我們得多了解一些人口學的核心概念與研究方法。在本堂課中，我們會學到人口轉型理論的梗概、高齡化社會的挑戰、移民、世代公平等議題。人口結構涉及面向之廣，從社會、文化、經濟、科技至氣候變遷，都與人口學息息相關。我們也將學到，人口學處理的不是只有數據，得出的結果也不是只有繪製人口金字塔；如《人口學》一書的結論所示：唯有正視人口結構與地球資源的限度，我們才能規劃與期待更為公義與永續的未來。

第五門課為《都市計劃》。隨著人口增加與工業發展，都市成為人類生活的主要環境。與之同時，都市生態學者也告訴我們，都市也成為眾多野生動物的棲地。在二十一世紀的今日，郊狼不只出沒於沙漠與山區，更活躍於中央公園、芝加哥與洛杉磯等大都市。當代的都市計劃已不能只針對人，還有各式各樣的非人物種。但要如何著手？若都市並非全然「不自然」，反倒是人為與自然交會的複合場域，我們要如何重新思考都市、都市的生活韌性與空間正義等議題？《都市計劃》帶領讀者回溯這個學科的起源與發展，同時也為如此介於自然與人為、集結人與非人的新都市，提供了可能的規劃視野。

第六門課為《冷戰》。我們迎來《二十一世紀的環境課》的最後一課。狹義地說，冷戰係指一九四五年二戰結束後，美國與蘇聯在政治體制、經濟模式、價值觀與意識形態上的深層對抗，這場衝突雖然未全面爆發為熱戰，卻長達近半世紀，深刻地形塑了全球局勢的樣貌與分布。藉由閱讀《冷戰》，我們將學到，冷戰不只是兩大陣營之間的軍事與外交對峙，更是一場全面滲透政治、經濟、文化與科學領域的「地球尺度」之戰。透過氣象衛星、全球監測網絡、糧食技術、人口政策等手段，美國與蘇聯試圖在各地建立其秩序與影響力。環境治理、資源開發、甚至公共衛生與教育制度都成為意識形態較勁的延伸場域。

事實上，正是在冷戰的氛圍中，「環境」一詞被賦予了今日我們熟悉的意義。若沒有冷戰誘發的軍事與太空競賽，我們難以從太空中望著地球，在感嘆這顆藍色星球是多美的同時，焦慮著這個乘客數量急速爆炸的太空船，是如此的岌岌可危。環境研究者也不會有諸如同位素、地理定位系統（geographical positioning system, GPS）等工具，以超越人類感官的精細度，探索超越人類可以理解的龐大環境，並建構當中的運作機制。當代對環境的認識可說是某種「冷戰遺產」；雖說冷戰已經遠颺，但各式各樣新型態的戰爭（如資訊戰）卻彷彿成為人們的新日常。我們需要新的環境見解；回望冷戰與冷戰帶動的社會、經濟、文化與生態變遷，是二十一世紀環境課的結束，同時也是我們掌握下一個世紀的起點。

認識周遭

從《生物地理學》至《冷戰》,《二十一世紀的環境課》的六門課程環環相扣，直指環境是什麼，如何從原本的「背景」、「脈絡」與「周遭」演化為我們現在理解的環境。你或許會說，我本身是學人文社會或自然科學的，到底為什麼需要修這堂「環境課」？對此，容我回到環境這個詞的原意：周遭與包圍。

為什麼我們需要關注環境，環境一詞又如何脫穎而出，成為當代世界的關鍵詞？關鍵或許在於人想要了解自己的渴望。當我們了解周遭的山岳、河川、空氣、森林、動物與植物等，不再是位於某處等著我們去「發現」或「征服」的「自然」，反倒是一床輕薄的棉被，包裹著我們，我們自然而然地想要珍惜它，回味它為身體帶來的觸感，乃至於那種被抱著的親密感。我們也會想問，這個被環境包裹著的你我，究竟是什麼樣的存在。我想起了地理學者喜歡講的一則希臘神話。Chthonia是大地女神，嫁給了宙斯。在迎娶Chthonia時，宙斯將一塊他親自織成的布（pharos）披在她身上。這塊布上繪有陸地與海洋的圖像，而Chthonia也在這過程中逐漸成形，成為孕育陸地與海洋萬物的身體。她從原初的未定形狀，化為大地與生命的來源，最終轉化為蓋婭（Gaia），也就是萬物之母。

地理學者愛這個故事，因為這塊pharos後來有個正式名稱：mappa mundi，即世界地圖。

根本上，這是個發現土地、認識土地的故事，而這個過程需要地圖，同時也產製了更多地圖。期待《二十一世紀的環境課》可以是這樣的地圖。你不是按圖索驥地去發現環境，因為環境就不是躺在某處、等著你去發現的「物」。如同宙斯的pharos，這六冊書讓你想認識的環境有了更清楚的形體，讓你得以在當中徜徉與探索。當你歸來時，你將感到環境離你更近了一些，成為了你的「周遭」。你雀躍著，你想念著一趟趟旅程為你帶來的啟發，開始規劃下一趟旅程。

引言
為什麼討論「都市計劃」對台灣很重要？

黃偉茹｜成功大學都市計劃學系教授

「都市計劃」（City Planning）是一個既國際又在地的領域與行業，本書作者卡爾．阿博特（Carl Abbott）教授在書中不只一次為都市計劃這一複雜的專業，下了如此精準的註解。本書嘗試彙集的多國都市經驗中可見，各國的規劃實務與規劃教育，雖在理論與手法上持續受到國際思潮影響而不斷創新，但每個地方又有自己獨特的社會文化、歷史脈絡與制度背景，而與這些國際思潮擦出不同的火花。英國學者Dominic Stead曾用濾鏡來比喻國際規劃理論或所謂「好的示範」（good practices），當這些理論或理想模式在各國落地後，往往因國情差異而產生不同實務操作與後果[1]。因此在閱讀本書時，我們需要更小心理解規劃議題辨識以及相應理論的形成背景。在閱讀此書前，我們需要有一些準備，這也是這篇引言的主要目的，希望藉此可以讓讀者更理解這本書所介紹的內容，以及與身處在台灣的我們會有什麼樣的關係，進而體會到為什麼我們需要了解都市計劃這個專業領域，以及它對我們生活的影響。

作者阿博特教授為美國都市發展史學領域的重要學者，他雖從其專業角度出發，以美國經驗為基礎進行撰寫、並形成本書的主要架構，但在每個主題中仍可見其將不同國家經驗帶入書寫的企圖。在主題的編排上由小空間尺度寫到大空間尺度，包括街道和建築物、郊區、市中心區乃至於大都市與都會生活圈；再由傳統的歐幾里得幾何空間談到一九九〇年代開始興起的空間關係性（relational）觀點，也帶出規劃實務者對於區域中的都市與都市之間、都市與鄉村之間關係的想像與布局，以及這些布局對地方發展的深遠影響。阿博特教授並在最

1 Stead, D. (2012). Best practices and policy transfer in spatial planning. *Planning Practice and Research*, 27(1), 103-116.

後指出，無論我們再怎麼試圖將都市這個巨型人造物與自然災害隔絕，也無法忽視「都市實屬於自然系統的部分」的事實。我們現今所面臨的許多災難，均是從人類角度所認知而形成、或是經由人類活動而造成的後果，然而所謂的自然災害其實只是自然系統及自然循環的一部分，唯有意識到這點，才能使得人類及其所在的都市具備面對災害的韌性。

本書第一章街道和建築物係從殖民時期的都市建立與規劃的歷史開始談起，說明殖民母國的建設對美洲城市空間結構發展的影響。反觀台灣，早在一六二四年荷蘭東印度公司為其與中國及東亞地區的貿易推動，便以大員（今台南安平）為根據地，規劃熱蘭遮市及赤崁市街[2]。雖然明鄭及清領時期也陸續在台灣有城市規劃與建設，但台灣具有現代化意義的都市計劃肇始於日治時期，包括使用分區（zoning）等相關都市計劃與建築法令

2 參洪傳祥2005年發表於期刊《都市與計劃》之〈荷蘭人統治下赤崁市街的空間規劃〉，以及成大博物館數位平台：https://zeelandia.museum.ncku.edu.tw/zh-Hant-TW/navigation/plan-view/018b475f-0670-7c6d-b0c4-6b6554cdc888。

制度和工具，直至當時才逐步建立，其所規劃的道路層級與公園綠地系統，不論好壞，至今仍對台灣大大小小都市結構有著深遠影響[3]。包括台中市的園道系統、高雄市的棋盤式道路系統、以及台南市的道路圓環系統等，都可見日治時期都市計劃的痕跡。這些都與本書提到西班牙殖民母國頒布的《印度群島法》對於其在美洲所建立城市的影響，有著類似的背景，也道出殖民城市的身世。

然而，在郊區化與市中心區更新的經驗上，我們卻有著與美國十分不同的經驗。歐美歷史較為悠久的大都市，其都市的空間結構變遷，可以說和整個交通科技與技術發展密不可分，層層交疊。所謂的郊區化，也是在這個背景下產生。為了遠離都市的繁雜與汙染，汽車工業的發展與使用的普及，促發了一九三〇年代美國郊區化發展，不僅過度消耗公共建設、土地及自然資源，還引發市中心衰敗的後遺症。但以台灣經驗來看，由於幅

---

3 參黃世孟1985年發表於期刊《都市與計劃》之〈臺灣都市計畫歷史之初探(1895~1945)〉。

員沒有像美國那樣遼闊，對台灣國土發展影響至深的，與其說郊區化現象，不如說是城市蔓延擴張來得貼切。台灣許多新市區建設環繞市中心區外，透過市地重劃或區段徵收不斷擴張，對於台灣整體都市的發展，以及人民對於建地與農地看法的影響極為深遠。這個都市發展現象與台灣特殊的歷史脈絡和金權政治有著密切關係，在王振寰教授撰寫的《誰統治台灣？轉型中的國家機器與權力結構》和陳東升教授所著《金權城市：地方派系、財團與台北都會發展的社會學分析》中都有十分精采的分析與背景梳理。

雖然在一九九〇年代末期，台灣規劃學界開始引入碳足跡、都市成長管理與總量管制等生態都市的觀念，但還是抵不住資本的力量。土地開發商希望透過新市區開發累積資本，而沒有資本進行土地開發的，就來炒房。一九八九年的無住屋者運動，乃至二〇一四年的巢運，皆是都市居民對於高房價的反動。只是前者隨著金融危機而暫時落幕，而後者則因為有專業規劃者與多元的非營利組織投入，實質推動了一連串的住宅政策改革，包括社會住宅興建、房地合一所得稅制改革、租賃住宅市場發展條例公告實施、住宅法修正等。但土地正義與住宅正義的問題，卻始終揮之不去。二〇一八年中美貿易戰展開所帶來的資金回流，更進一步推升了這個困局。根據二〇二四年五月公告的台灣家庭財富分配統計，一九六九年家庭最富最貧差16.8倍，二〇二一年家庭最富最貧差66.9倍，家庭財富基尼係數[4]為0.606，家庭所得基尼係數為0.341。換言之，台灣的薪資所得的貧富差距尚可，但家庭財富的貧富差距則極為不均，此一落差主要是由房地資產與股市飆漲所造成。因此，社會主流思想都希望自己能搭上那班房地產飆漲的列車，而不去思考這樣的制度究竟讓誰成為真正的贏家，而誰又在這過程中受到壓迫與排擠。

台灣新市區的不斷開發，也促成了市區都市更新的困難。試想，如果有一個完整的素地，誰還想要花時間整合不同的住戶意見，進行建築重建更新呢？因此即使一九九八年即公告實施《都市更新條例》，以「促進都

---

4 基尼係數為年所得分配公平程度的指標，數值界於0與1之間。一般而言，0.4是所得分配差距的「警戒線」。

市土地有計畫之再開發利用，復甦都市機能，改善居住環境與景觀，增進公共利益」[5]，但過去二十五年間，資本的力量主要還是投注在新市區的開發，而非舊市區更新。根據內政部二〇二四年第一季住宅統計資料可知，全台住宅平均屋齡為三十二年，52%以上的住宅屋齡高於三十年，雖然屋齡高不代表一定有危險，但這表示有五成以上的建築是在九二一地震前興建，而當時的建築法規在耐震強度設計上的標準較現行法規低，因此政府過去多年來透過立法與相關政策實施，推動都市更新的主要目的其實是希望能全面提升都市面對震災的韌性與居住環境品質，這與本書中所描述為處理郊區化所形成的市中心空洞化及底層居民集中化的美國經驗，有根本上的不同。基本上，美國的都市規劃與空間發展，和其背景脈絡中根深蒂固的種族與階級問題有不可分的關係。

除了新市區不斷擴張所提供的建築素地影響之外，台灣在推動都市更新過程中的另一個議題就是，前台北

5 都市更新條例第一條內容，即立法目的。

市長郝龍斌提出「一坪換一坪」的口號深植房屋所有者的心，使得市區建築重建更新難上加難。這個訴求若不是位在所謂的精華地段，其實是難以達成的。畢竟每個物件都會折舊，房子也不例外。一棟三十年以上的老房子，想不用成本換成一棟新屋，如果不是土地價值夠高，也有市場未來性，財務試算上幾乎完全不可行。而且所謂的「一坪換一坪」其實是用稀釋的土地所有權，以及對周邊鄰里可能產生外部性的容積獎勵所換得的[6]。但因為這個議題太過複雜，一般人並不能夠了解其中利弊。更不用說，精華地段的建築重建更新後，進一步推升該地區的房價及租金水準，使得原本的住民或租戶可能必須搬離，或者是下一代無力負擔附近的房價，只好一直與父母同住、或者搬離到更偏遠的地方。同時，居民們可能會發現，單一建築雖然重建更新了，但周邊鄰

6 都市計劃的公共設施、交通系統、防救災設施容量等均是以計畫人口為根本所推算出來的，而一地區的容積率設定，會影響建築樓地板總量及計畫人口數，而都市更新的容積獎勵給予若不夠審慎，將會提高該地區的建築樓地板總量及居住人口，乃至超出原本設施規劃的容納量，造成居住環境品質低落、塞車等問題。

里整體公共空間服務的品質卻可能下降，這樣的結果其實完全背離了政府推動都市更新的本意。

要杜絕這樣的負面結果，我們需要重新思考居住這個問題。房屋究竟該被視為一個商品，還是居民基本生存權的確保？又或者，我們只需要專注房屋的室內環境就好，還是需要理解整個居住品質是由房屋內部及外部公共空間與服務系統共同構成？這些問題的深刻思考與討論，是台灣社會較為缺乏的，也是各地地方營造（place-making）所努力的方向，讓大家由單一房舍的私空間照顧，擴大到整個鄰里及都市公共空間品質的探討。這與本書第三章拯救市中心及第七章非自然災害與韌性都市所提到的培力式規劃或稱賦權式規劃（empowerment planning）息息相關。要能由下而上進行規劃的第一步，就是要讓居民可以思考自己與周邊鄰里及周邊環境的關係，並彼此交流、思辯什麼是我們要的居住環境、都市環境、以及國土環境，並產生集體行動，為共同的願景努力，同時審視與監督政府規劃與施政作為，適時提供回饋。而達成此理想的第一步，就需要對都市計劃及其與我們日常生活的關係進行思考與理解，這也是本書最重要的貢獻。

要在這麼短的篇幅一一對照本書的主題為大家書寫台灣的狀況，是十分困難的。因此僅就幾個大家比較能理解，與日常生活較為相關的部分進行說明，以期能拉近讀者與本書的距離，並進而關注台灣現今正如火如荼展開的國土計劃辯論。二〇一五年《國土計畫法》公告實施，代表著過去台灣以《都市計畫法》、《區域計畫法》及《國家公園法》所構成的土地規劃與管理系統的融合，將過去由都市計畫地區、非都市土地及國家公園三大系統統合來進行全國國土及各縣市的整體空間規劃，以達到「因應氣候變遷，確保國土安全，保育自然環境與人文資產，促進資源與產業合理配置，強化國土整合管理機制，並復育環境敏感與國土破壞地區，追求國家永續發展」[7]的目標。這也呼應了本書第五章大都市與都會生活圈、第六章城市裡的自然、以及第七章非自然災害與韌性城市的主題。

台灣國土計畫法是前瞻的，該法的推動者認知到

7 國土計畫法第一條內容，即立法目的。

都市地區其實十分仰賴鄉村地區的資源，鄉村地區發展也需要與都市地區扣合，因此規劃上不能再將兩者一分為二，只專注於都市地區的規劃，而是必須將都市與其周邊城鎮和鄉村地區一併納入考量，妥善的資源配置與引導發展，以形成良好、永續的循環體系與城鄉的均衡發展關係。但要真的達成這個目標，還須仰賴所有人的共識與努力，而推廣大眾閱讀與理解都市計劃及國土計劃，相信是極為重要的一步，讓大家能共同關注這個與我們生活息息相關的議題。

誌謝

感謝Scott Bollens對分裂城市（divided cities）的建議、Chris Silver所提點的亞洲規劃情況、David Gordan提供愛德華・班奈特（Edward Bennett）為渥太華和赫爾市所做的規劃內容，嘉惠學林。感謝我的同事Jennifer Dill、Sy Adler、Karen Gibson、Laila Seewang和Federico Perez提供了各種意見。感謝八百多名投稿給《美國規劃協會期刊》（Journal of the American Planning Association）的學者，在我擔任編輯委員的期間，幫助我對規劃領域有更深的理解。最後，我從波特蘭州立大學都市與區域規劃碩士班的學生身上學到很多，尤其他們在「重塑大都會」（Reshaping the Metropolis）這門課中的報告和評論，曾經提到許多有意思的規劃行動，令我獲益良多。

前言

人人都要做計劃。生意人考量市場和商品，社會服務機構努力提升客戶服務，政治家算計自己連任的機會。不過以都市研究和城鄉發展的語言來說，「計劃」（planning）指的是在城市和區域之內，為了形成外在景觀和活動地緣分布所做的努力。計劃的對象是地點（sites）和系統（systems）——亦即我們所生活的鄰里地方，以及將都會區裡各部分連結成一動態整體的所有網絡系統。

都市計劃在二十一世紀既是實踐方法，也是一種行業。都市計劃是一套目標，有時會太過理想；它也是各種引導土地利用與發展的法規。都市計劃的歷史可以從規章制度和機構組織裡看出來。過去為了都市成長管理所做的決策，創造出巨大的三維人造物，現代城市於焉形成。在最佳狀態下，都市計劃利用如「土地細分規則」、「包容性分區管制」等技術工具，來達到社區行動和政治辯論所設定的遠大目標，有時處理的層次高如整個城市的交通運輸網絡或空汙法規，但其實是要回應日常生活的經驗：我能找到離上班地點近、價格又負擔得起的公寓嗎？我的鄰居可以怎樣運用他手上那塊空地？我能順利穿過市中心準時赴約嗎？我能跟小孩一起散步去公園、而且他們會有乾淨的空氣可以呼吸嗎？騎腳踏車上班安全嗎？要去到多遠才能買到一條麵包？

讓我們從都市計劃者認為自己在做什麼談起。英國皇家城市規劃學會的任務是「運用規劃的力量，促進地方繁榮和社群活躍」；美國計劃協會則要「扮演領導的角色，來培養有活力的社區」；澳洲規劃學會服務並引導規劃專業人員「發揮所長，創造更好的社區」；加拿大規劃師學會講得更具體一點：「規劃涉及土地、資源、設施和服務如何利用，以確保外在環境 、經濟、社會各層面能夠有效運作，並守護城鄉人口的健康與福祉。」《美國計劃協會期刊》將規劃獎學金分成十七類，幾乎觸及社區生活的各種層面，其領域之廣泛，可見要將城市塑造為實體場域和社會環境，跟理解城市本身一樣，需要同樣領域的訓練和方法，從藝術、文學到社會與自然科學都少不了。

不管我們是跟著美國稱「都市計劃」（city planning）或「城市規劃」（urban planning），還是學英國說「城鎮規劃」（town planning），這領域在龐雜的「范恩圖」（Venn diagram）[1]上落在多種面向重疊的區域，包含地景建築、土木工程、建築設計、地理、歷史、公共政策、公共衛生、不動產、社區發展、社會規劃跟環境治理。核心的基本關懷是土地如何被利用，尤其在人口相對稠密的地區。或者再講簡單一點：蓋了什麼、蓋在哪裡。計劃（planning）和規劃師（planners）企圖引導政府和私人的行動者，計畫（plans）確定道路、橋樑、汙水管線、公共建築的地點，也規定大大小小私人土地開發的架構，屋主想要多增加一個房間，到企業挹注資金蓋雄偉的總部大樓等。人造環境如何產生、如何安排，會影響到人類

1　譯註：由19世紀英國數學家約翰·范恩（John Venn）發明，以閉合的區域表示集合的圖示法，以顯示在不同的事物群組（集合）之間的數學或邏輯關係。

活動的方方面面——也就是我們住在哪？在哪裡工作、休閒？平時怎麼移動？跟誰見面、互動？

二〇一八年，四大英語系國家正式的規劃師協會已經有七萬五千名會員：美國計劃協會有三萬八千名、英國皇家城市規劃學會兩萬五千名、加拿大規劃師學會七千名、澳洲規劃學會五千名。只不過，這些會員的數量跟從事都市或城鄉規劃工作的人數相較起來，也不過九牛一毛而已。這一行的核心成員，包含數千個地方政府、州政府、省政府的雇員，在一堆時而令人摸不著頭緒的局處機構工作。以奧勒岡州的波特蘭市來說，規劃師工作的單位包括永續發展計劃局、環境局、公園局，還有一個半獨立的都市經濟發展機構。規劃師也為以下單位服務：郊區的市郡政府；公園；處理公共運輸、廣域土地利用、港口設施的區域機關；負責州際公路和環境保護的機構。這些公務員跟龐大的志工群形成互相支持的關係，志工會參與地方規劃委員會、顧問委員會、設計審查委員會、地標委員會，和無數冗長的晚間會議。

市民是第二種會涉入正式規劃單位的個別或集體行動者：屋主出現在公聽會上，對某棟建物或土地利用的改變表達支持或抗議；街坊鄰里和社區發展協會為特定群體的需求發聲倡議，比如中產階級的屋主不希望自己舒適的家園生變、非裔美國人抗議居住空間縉紳化和迫遷、小鎮居民想要復興老街或傳統商店街。這些群體也會為了某些公共目標集結在一起，像是要蓋一座新的公園、清理被汙染的溪流或保存歷史建物。放在一起看的話，公民組織和政府機構都是社區營造的參與者，有意識地要創造出「更好的」地方。有些組織和機構致力於打造特定的都市環境，比資本市場提供的空間更加和諧融洽，也更有自我實現的精神；其他志同道合、投入社區營造的人則想方設法，讓城市和周邊區域能更有效且更永續地被利用。

政府官員和市民之間的互動，不管是合作或爭執，都是在為都市發展創造發揮的空間。可發揮的程度因規模而異。某個歷史街區的設計準則可能細如規範適合的油漆顏色和新窗戶的樣式，全市的綜合發展計畫則更概括，大範圍地標出黃色的住宅區，紅色的商業區、紫色的工業區（美國土地使用圖的標準色）。

不動產開發業是第三種實際參與都市計劃的群體，

使生活和工作的場域也被加入規劃雛形當中。這群務實的規劃者見到一塊土地，想像土地上有建築的樣子，然後試著透過現有的法規工具，將願景化為現實。他們在空地上蓋房子、把農地切割成小塊出售或者蓋工業園區、在原本都是低層建築的地方蓋辦公大樓。他們出入競爭激烈的不動產市場，但他們打造出來的城市要靠眾人的共識一起支撐。每個國家、每個世代，都市規劃者都創造出反映流行品味和市場力量的日常鄰里和商業街區。不動產開發商憑藉建築師、景觀設計師、土木工程師的技術，也跟了解官僚機構繁文縟節的規劃者合作。

本書所介紹的都市計劃，主要圍繞七個層面展開：以街道布局來做規劃、塞車和去中心化、舊街區的保存與再生、不同社會階級與種族的衝突、城市和區域、都市作為自然系統、災害與韌性。都市計劃已經歷經數個世代，規劃者也站在前人的肩頭上，陸續發展出各種新方法。

城市建設（city-making）的歷史源遠流長達六千年，城市計劃是其中一種面向，也是形塑城市的力量。早在美索不達米亞古城烏爾、中國古都西安、馬雅古城提卡爾的年代[2]，都是由城鎮居民和其領導人決定要蓋什麼、蓋在哪。不過，都市計劃這種特殊領域如何發展成當代的實踐方式，就要追溯到近代歐洲。隨著歐洲殖民擴張，為了回應城市工業化的課題而出現、演變，並在二十和二十一世紀逐漸成熟，成為世界各地普遍的作法。二十一世紀人們把城市當作物理實體來塑造日常生活的場景，可說是延續過去的作法，以解決各種根本的問題。

城市計劃的敘事史經常由少數有遠見的人主導。十五世紀晚期，達文西就提議要把米蘭重建成一座雙層城市（two-tiered city）；視覺想像力豐富的建築師和設計師畫出地圖和城市景觀示意圖，向居民保證他們將會擁有嶄新且更舒適的生活。一九二〇和一九三〇年代的例子如柯比意主張在公園裡蓋摩天高樓的「光輝城市」[3]，

---

2 譯註：古城烏爾（Ur）位於今伊拉克境內，當時的位置是底格里斯河與幼發拉底河注入波斯灣的入海口，屬兩河流域最早的文明之一。西安（古稱長安），多個朝代定都於此，與雅典、羅馬、開羅並稱為世界四大古都。
提卡爾（Tikal）位於瓜地馬拉，是馬雅文明的文化和人口中心之一，在公元200到900年之間到達頂峰，隨著馬雅文明後來的衰落而沒落，最後約莫在10世紀時被遺棄於叢林中。

或完全相反的案例如萊特的「廣畝城市」[4]，技術上都辦得到，政治上卻未必可行。其他如保羅．索萊里（Paolo Soleri）在一九六〇和一九七〇年代提出的大型自給自足超級城市「生態建築」（Arcologies），是個超乎現實的思想實驗，對科幻小說的影響比實際規劃面更深遠。然而，即使從世俗的角度來看，計劃的視覺或「想像」層面還是很重要：當開發商正在推銷一個新開發案，銀行業者看的是預計支出和收入的數字，其他人則看建築師的完工示意圖，色彩淡柔的建物和露天廣場上許多快樂的火柴人。

城市計劃重視視覺／想像層面，且把城市當作物

---

3 編按：光輝城市（Radiant City）是柯比意在1930年設計，但未實現的都市計劃方案。它代表了一個用井然有序的環境將人們聯合起來的烏托邦式的夢想，以之作為社會改革的藍圖。這個理想在1930至1940年代成為許多都市計劃的基礎，最終促成1952年法國馬賽的首個馬賽公寓的設計和落成。

4 編按：廣畝城市（Broadacre City）是法蘭克．洛伊．萊特在1932年出版的著作《正在消滅中的城市》（*The Disappearing City*）中提出的都市計劃構想。他認為現代城市無法適應現代的生活，主張應取消大城市，而以農業為基礎，用分散的城市布局，並藉由汽車作為連通。

理實體是一種觀點，另一種看法則把城市當作具有顯著社會和政治動能的群體，兩者間存在著緊張關係。一些最有影響力的規劃概念來自社會理論家如埃比尼澤·霍華德（Ebenezer Howard）、劉易斯·芒福德（Lewis Mumford）、珍·雅各（Jane Jacobs），他們以文字傳達對好城市的看法。現代城市中的各種事物，無一不經過諸多政治辯論和利弊權衡，規劃者若以這個角度來看城市，會發現城市裡存在的緊張關係：要效率還是要公平？城市是經濟交換的動力引擎，還是讓人人宜居的生活空間？二〇一七年，超大型企業亞馬遜電商宣布要找地方興建第二總部並雇用五萬五千名員工，在美國各城市間掀起一陣狂潮。經濟發展規劃師負責尋找土地和優惠方案，但住宅規劃師很擔心影響該區的住宅負擔能力——這也正是布魯克林人的擔憂之一，因此群起抵制亞馬遜進駐該區。都市化是一種全球的現象，世界上一半的人口都住在都市，城市規劃也是全球性的課題。

由大學開設的第一堂「都市計劃」課程出現在二十世紀初期的英國利物浦大學、美國哈佛大學以及德國卡爾斯魯厄大學。一九一九年巴黎都市計劃學院將法國原先的建築學和都市工程學課程合併。二戰以後，美國和英國的規劃學程數量迅速增加，畢業生和顧問將西方的規劃理念和技術帶到歐洲、亞洲和拉丁美洲的學院和政府機構。我任教的規劃系所畢業的博士生也回到墨西哥、埃及、沙烏地阿拉伯、奈及利亞和中國的學院裡教書。「全球規劃教育聯盟」在全世界有超過七百個大學裡的學程計畫，顧問公司帶著計劃構想飄洋過海跨國移動，政府官員樂於飛到他地，親眼看看巴西庫里奇巴市或丹麥哥本哈根做得怎麼樣。在二十一世紀，都市計劃的確是一門國際化的領域及行業。

第一章

街道和建築物

一五〇二年，達文西為暴君切薩雷・波吉亞繪製了義大利一個小城市伊莫拉的地圖，他把街道畫成白色、單棟建築畫成褐色、城外的護城河則是淺藍色。這張地圖展現達文西典型的精準風格，這種表現類型頗受室內設計師歡迎，他們會幫文藝復興和巴洛克時代的城市地圖精美上色，用來裝飾高級辦公室的牆壁。聽到「都市計劃」這個詞，第一個浮上心頭的通常就是這種地圖。都市計劃的基礎就是在談街道和建築物如何分布，藉由排列審視二維的街道地圖和平面圖，便能寫出一部都市計劃的歷史。這麼做也是在探索兩種狀態之間的張力和對比關係：一種將城市視為個別地塊組成的鑲嵌畫，另一則將城市當作社區和國家的物質體現。

歐洲人規劃的新美國城市

西班牙人入侵征服了墨西哥和印加帝國，遭遇各種文化衝擊，但他們發現要接管跟改造阿茲特克及印加城市很容易，因為這些城市的紀念性建築和市中心跟文藝復興時期的歐洲和古典地中海地區有很多相似之處。胡安·皮薩羅和他的副官進駐庫斯科[5]，強建教堂來取代印加宮殿，留下中央廣場，並且占領其他貴族住宅自用。墨西哥的西班牙征服者畫出阿茲特克帝國首都特諾奇蒂特蘭的平面圖和地圖，然後按照自己的目的重建跟改造。

不過很快地，野心勃勃的馬德里政府就在美洲建立新城市，以擴張和鞏固西班牙的勢力。一五七三年，西班牙皇室頒布《印度群島之探勘、人口規劃及安撫條例》，也就是俗稱的《印度群島法》，一套給西班牙在美殖民地的規範和建議，面向多元，鉅細靡遺，其中也包含城鎮規劃。西班牙國王菲利普二世是個熱愛紙上作業

5　譯註：胡安·皮薩羅（Juan Pizarro）於1532年征服秘魯印加帝國；庫斯科（Cuzco）是昔日印加帝國的首都，位於秘魯東部安地斯山脈中。

的官僚，希望藉由法令讓遠在他方、聯繫薄弱的人民也知道該怎麼做。

最基本的原則就是把方形街區跟街道擺成對的角度，留下一兩個中央的街區當主廣場，面向主要的公共建築。廣場要是正方形或長方形，「若是長方形，長度至少要是寬度的一倍半，這種形狀最適合有馬匹出現的節日慶典」。街道要以正確角度排列，地方政府按照盛行風的風向來調整街道格局，確保空氣流通，沿海城市的廣場都面海，也出於同樣的原因。氣候冷的地方街道寬，氣候溫暖的地方街道窄。透過這些規定，期望打造井然有序的新城鎮，跟伊比利半島的古城如托雷多和塞維亞非常不同。

西班牙把新城市當作擴展帝國的工具。《印度群島法》聲明：「當要建立新領地時——根據我方的目的與意向，該地應為空地，如此在占領時才不會對印第安人或原住民造成傷害，或者必須經過他們的同意——必得針對該基地事先提出計畫，將之切分為廣場、街道、建築用地……並留下足夠的開放空間，如此當城鎮成長時，才能以相同的方式擴散開來。」

政府官員就算到了帝國邊陲也遵守同樣的規矩。新墨西哥州的首府聖塔菲位在墨西哥城北方兩千公里[6]，聖塔菲成長得很慢，在居民造成任何改變之前，整個城鎮的棋盤結構都還沒有被填滿，中央廣場還保留著，一邊是州長官邸。聖費爾南多德貝薩村（Pueblo of San Fernando de Béxar）是德州聖安東尼奧的雛型，它是一個橫豎都五條街的正方形，廣場占據了其中兩條街，面對著一間教堂和王宮。菲利普二世看了會很滿意。

《印度群島法》提出的標準，對於以走路為主要移動方式的城市來說很恰當，因為該法強調緊密空間和中心地帶的重要性，也很早就展現出對公共衛生的重視，在意乾淨的用水和空氣流通。這些新歐洲城鎮的創建者在北美其他地方根據同樣的原則嘗試了各種變化。走一趟紐奧良的法國區，就像時光旅行回到十八世紀，德

---

6 譯註：聖塔菲市（Santa Fe）的名字來自西班牙語「神聖的信仰」，16世紀末、17世紀初西班牙殖民者來此定居、建城，是歐洲殖民者在美國建立的第二古老的城市。

墨西哥城是墨西哥合眾國首都暨政治、經濟、文化中心，亦為世界上最大的都市之一。

比恩維爾（Jean-Baptiste Le Moyne de Bienville）沿著密西西比河的一個轉彎處規劃了一個四乘十一格的方形區域，圍繞著河濱的兵器廣場（現在的傑克遜廣場），面向教堂和市政廳。威廉．賓[7]教他的代理人在賓夕法尼亞州這塊新殖民地上選一塊地建費城，地勢要高、要乾爽衛生，德拉瓦河畔要有好的碇泊區，讓街道「整齊延伸到河邊」。房子要蓋在建築用地的正中央，以減緩倫敦大火[8]那樣的火勢蔓延速度，並建立一個「綠色鄉村小鎮」。廣場被設立在市中心或四大街區各自的中心地帶——這些象限區域算是費城的基本空間特色。此規劃預

---

7 譯註：威廉．賓（William Penn）是17世紀英國著名的拓荒者和作家，從英王查理二世處獲領一片幅員廣闊的北美土地，「賓州」（Penn State）之稱即為紀念其創建者而來。此土地面積涵蓋現今的的賓夕法尼亞州及德拉瓦州。威廉．賓並提出首府費城的規劃藍本，以網格狀路網切割出一塊塊工整的方形街廓。

8 譯註：1666年倫敦發生大火，倫敦市普丁巷一間麵包鋪失火，此處為倫敦舊城擁擠地區的中心，火焰很快隨著大風吹過幾條全是木屋的狹窄街道，延燒了四天才被撲滅。這場大火讓倫敦啟動了城市重建工作，隔年國會很快就通過《倫敦重建法案》（Act for the Rebuilding of the City of London），嚴格規範建築標準、街道寬度和建築材料，以根除住宅火災隱憂。

先考慮到美國追求成長的傾向。這裡的街道總是寬闊異常，賓州確立了從德拉瓦河延伸到斯庫爾基爾河的擴建規劃，「我們現在應該會有足夠的空間，未來也是。」

棋盤式的成長空間

一七七五年的紐約是個兩萬五千人的小城市，人通通擠在曼哈頓的下端，一百五十年來一點一點地擴張，地主零零星星地在這裡切出一條街、在那裡用木樁標出街區。不過到了十九世紀初期，人口逐漸逼近十萬，接著超越費城，成為墨西哥城以北最大的美國城市。地主和商人希望讓都市發展和不動產開發容易點。紐約州議會在一八〇七年授權三位專門委員，負責「規劃……主街和大道」。他們沒採用錯綜複雜的巴洛克街道布局，而是選擇了方正的網格狀路網，「方便又實用」。他們為曼哈頓設計的街道模式在兩百年後依然存在——十二條南北大道、一百五十五條東西街道。雖然他們承認這個野心勃勃的計畫可能只是「被拿來當笑話看」，但還是深信紐約會朝向這個超大型規劃發展。

曼哈頓的棋盤式街道和威廉・賓方正的費城，是接下來一個世紀美國中西部與加拿大新市鎮和城市效法的對象。每個新城市剛開始都很小，但創建者都打算要水平擴張──《印度群島法》所預料的升級版。這些谷地和平原上建立的城市都是私人企業，部分開發者對新社區有熱忱，有的只是單純的投機客，找到河邊、湖畔、預定的鐵道路線、測繪過的街道和空地之後，取得某塊有潛力的土地的所有權，然後等著買家來讓他們發大財。城鎮讓交易得以發生，空地則是商品。狄更斯在他的小說《馬丁・朱述爾維特》諷刺這種眾所周知的膨風式發展，容易上當的主人翁被引誘到美國，以為可以靠投資一個密西西比河上的新城市來致富，結果發現心目中的「伊甸園」只不過是林中空地裡的一棟簡陋木頭小屋。

不過，諷刺作品對野心勃勃的城市規劃沒什麼抑制的效果。芝加哥在還沒爆炸性成長的一八三〇年代是什麼樣子？跨越芝加哥河分流處兩邊的六十個空街區？歷經「奧克拉荷馬圈地運動」一年後的奧克拉荷馬市又如何？平坦的大草原上有網格狀的八十五個街區，鐵路

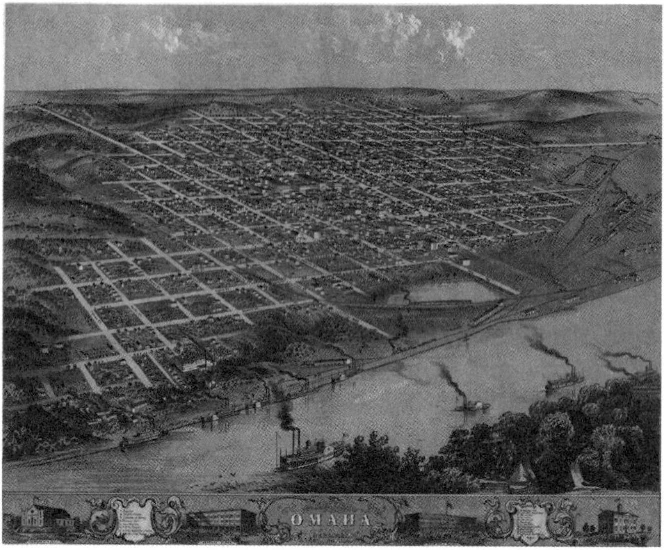

圖1｜美國內布拉斯加州的奧馬哈市（Omaha）。奧馬哈市是由河流和鐵路共同組成的。從這張1868年的鳥瞰圖可以看出，新的橫貫大陸鐵路從密蘇里河一路往西延伸，街道似乎無窮無盡地向西擴展，如同透視圖的線條，象徵未來將持續成長。

從其中一邊經過。一萬英里以外，澳洲的新城規劃也像同一個模子刻出來的。一八三七年威廉・萊特（William Wright）規劃的阿得雷德有如費城的改良版——棋盤式街道，一個主廣場、四個次廣場，由一條寬闊的帶狀公園綠地作為緩衝。伯斯和墨爾本從濱水區的網格街道開始發展，看起來很像辛辛那提和密爾瓦基的市中心。

這種直線結構很適合沿著鐵路幹線軌道所規劃的城鎮。美國國會在一八五一年同意授予伊利諾中央鐵路預定路線周邊半數的無主聯邦土地作為開發之用，該公司四位董事組成「顧問公司」，在他們知道預計蓋車站的地方（大約每十英里一站）向鐵路單位購買土地，按照鐵路兩邊各四十五個街區的標準計畫，規劃了三十三個城鎮，車站都位於栗樹街和橡樹街的交會處。加拿大太平洋鐵路將溫哥華布勒內灣的零散聚落重新命名，並讓其中一名工程師為未來大都市建造一整組新街道。一九四〇年代，亞伯達省的八成城鎮都集中在三條鐵路周邊，占據了標準計畫的一半。「草原上的城鎮看起來都差不多：類似的穀倉塔、同樣那幾家銀行、長得很像的火車站、一條叫做『大街』的主要街道，還有一條跟軌道平行的『鐵路大道』。」加拿大作家海瑟．羅伯遜寫道。

對於「委員會計畫」[9]和大大小小的新城市所採行的棋盤式街道，各界有讚美有批評。網格式街道的最大優點就是一目瞭然，就算調查技巧非常粗淺，也有辦法規劃出來，而且路線也很簡單——只要會數數就行，不需要用上GPS。不動產的移轉變得很簡單，只要避開過去從一個地標到下一個地標所拉出的「地界」財產標示，很容易分辨哪些地是可以賣的。同時，網格狀街道對於跨城移動很沒有效率，迫使大城市切出跨過廣場的對角線街道。城市最後的網格常常沒有對齊，因為不同開發者會規劃出競爭的鎮區（丹佛）、企圖配合彎曲的水濱（紐奧良），或者只是純粹隨心所欲發展（奧斯汀）。後來來到舊金山的人很失望地發現這裡的棋盤並沒有尊重當地的地景，路線直上越過陡坡，很適合電影《警網鐵金剛》裡那種飛車追逐，但對新手駕駛卻很不友善。西雅圖認定市中心棋盤北邊的山坡令人頭痛，打算花三十年沖刷、挖開這些小山，從市中心到太空針塔蓋一條好走的路。

對不動產有點概念的人，都知道網格型城市經常包含封閉式的鄰里街區，彎曲的街道是一種地位的象徵，

---

9 譯註：指本文前述的紐約專門委員會所提之規劃文件《1811年委員會計畫》（*Commissioners' Plan of 1811*），定下曼哈頓的棋盤式道路格局。

是十九世紀美學品味改變的結果。十八世紀末，愛丁堡新城的筆直街道和方正角度代表某種現代性，跟古老雜亂的中世紀城市迥然不同。不過，到了十九世紀中期，對自然的浪漫看重，促使開發者在為加州的森林湖或伊利諾州的河濱市這類高級社區開闢街道時，也懂得順應自然地勢。到了二十世紀，非網格的街道表示該鄰里或郊區被社會寄予期望，像是多倫多的玫瑰谷和雪梨的基拉拉。

「新世界」的規劃方式所造成的影響有多深，只要拿新城市跟歐洲一比就知道了。歐洲歷史古城帶給人們的，是探索小規模逐步成長的城市才會體驗到的趣味和挫折，倫敦、巴黎、羅馬或柏林的觀光客離開主要大街四處探索時，一張好地圖極其重要，一條街在不同街區有不同街名也會造成很多困擾。相較之下，墨西哥城的大部分街道都彼此平行或垂直，只有少數是斜對角或同心圓，反映出西班牙的殖民秩序。多倫多、雪梨、墨爾本也都是九十度的社區，它們的棋盤形態顯示城市發展的歷史還很短。

輸出現代性

北美和澳洲，以及南美南部和非洲南部的部分地區，都是歐洲人和歐裔美國人所征服的墾殖殖民地，他們趕走原住民部落，按照自己的需要來運用這些土地，可以隨心所欲地耕作，在理想的地點自由地建造新城市——通常越快、越簡單越好。相比之下，十九和二十世紀初期控制了大半亞洲國家的歐洲列強發現了一些歷史悠久又繁榮的社會，他們想要利用這些社會，而非將之毀滅，於是極盡所能透過當地的統治者和菁英介入，將他們的治理和規劃偏好加諸於像突尼斯和加爾各答這些進步城市[10]。墾殖社會的棋盤式規劃減少了城市裡不同區位的抽象差異，東半球的帝國式規劃則是凸顯該城市歐洲部分的與眾不同。歐洲來的建築師模仿母國的首都，在寬闊的廣場周圍蓋起殖民政府的建築，能飽覽周邊景色，也將殖民菁英的住宅設在附近。殖民統治者建

10 譯註：突尼斯是北非國家突尼西亞的首都；從1772年到1911年的一百四十年間，加爾各答被指定為英屬印度的首都。

造出又長又直的大道，跟舊城區狹窄的街道很不一樣，甚至在舊城區旁邊規劃方正的新城市，所運用的設計語彙與布達佩斯和巴黎等帝國首都如出一轍。

法國在摩洛哥、美國在菲律賓，都從各自的國土規劃文化發展出殖民地的都市計劃，而且結果很類似。一九〇七年到一九二五年統領法屬摩洛哥的總督于貝爾·萊亞歐提，採用「聯盟」（association）的政治理念來治理摩洛哥的城市，也就是法國的政策理論上拒絕同化，視殖民主體為夥伴。都市計劃設定拉巴特為行政首都，卡薩布蘭加為商業中心，聯盟的意義可從雙城看出來，古都被妥善保存，新城市則充分展現二十世紀初期歐洲的現代主義。不意外，新城市擁有雄偉的公共建築、公園、新的住宅區，或像卡薩布蘭加一路通往法蘭西廣場、又長又直的第四步兵團大道（現在的穆罕默德漢薩利大道和穆罕默德五世廣場）。

一九〇四年，還在為舊金山案子收尾的芝加哥建築師和都市設計師丹尼爾·伯納姆（Daniel Burnham），接到任命要重新規劃馬尼拉。美國從西班牙手中奪得菲律賓群島才不過六年，距離激烈的菲律賓獨立戰爭被鎮壓下來也才兩年。他想保留被城牆圍繞的古城，不過打算把護城河填起來，變成環狀公園，然後在舊城旁邊蓋一棟現代化的市政中心，寬闊的開放空間、對稱的大街，看起來很像他剛為克里夫蘭完成的提案。他希望從市政中心延伸出放射狀的大道，如此「首都的每個角落都應該帶著敬意，望向國家權力的象徵」。改造後的馬尼拉能兼顧兩個世界的優點：「城市井然有序，堪比西方世界，又兼具無與倫比且獨特珍貴的熱帶風情」。

日本帝國也將西方的計劃理念應用在東亞殖民地。二十世紀初，日本的規劃者從歐洲學到最新的規劃理論和作法，將之運用在日本本土和殖民地。一九三〇年代，日本官僚將原本中國東北的小城長春，改造成快速成長的首都，作為剛被建立的傀儡政權「滿洲國」的中心。街道、大道、圓環的布局，以及住宅和商業區清楚的分野，像極了坎培拉——一九一〇年代建立的澳洲現代首都。

像卡薩布蘭加和馬尼拉這些城市的帝國風貌，跟那個年代最雄偉的帝國對它最重要的殖民地所造成的影響比起來，只能算是小巫見大巫。一九一一年英國政府將行政中心從加爾各答搬到德里之後，決定在歷史悠久的蒙兀兒帝國首都旁邊蓋一座合宜的新都，與其說是要向古都致意，不如說意圖將它淘汰。新德里在一九三一年建成，是一個宏大遼闊的城市。一條寬闊又綠意盎然的大道從宏偉的總統府（之前是總督府）所在的小丘上，經過機關大樓和博物館，通往六角公園；加上第二個環狀公園作為商業中心[11]，跟總統府、六角公園共同構成一個概略的等邊三角形；小圈圈和斜向街道創造出套合相依的多邊形。所有的幾何圖形，都出現在這個全世界最大的大都會之一的中心地帶，跟華盛頓哥倫比亞特區極為相似，都有國會山莊、國家廣場、許多斜向街道和交通圓環。英國規劃新德里的目的，就是要彰顯占領國的權威，但規模大到足以成為世界第二大國的首都。

按計畫建造的首都

一九四七年印度宣布獨立，承襲了僅僅二十年歷史

11 譯註：應指康諾特廣場（Connaught Place），新德里的中心商務區。

的國家首都。其他新的獨立國家都是重新設計、建造新都，這項大工程牽涉到兩種層面的規劃：先從比較大的問題「在哪裡」開始，再考慮更具體的「蓋成怎樣」。特定區位的實用功能與象徵功能是深刻的政治問題，必須優先考量，讓都市計劃跟區域規劃互相關聯；然後才是選擇新城市的布局、設計和規模大小，而這通常是外部專家的工作。

各洲都有類似的案例。俄國在十八世紀初還不是新的國家，但沙皇彼得一世徹底重新定義了一切。他在王國邊緣創建了聖彼得堡，在波羅的海地區為俄國領地插旗，也作為西方文化影響俄國社會的門戶，這座城市依照瑞士和法國建築師的計劃一點一點成長。其他城市刻意分散不同的地區。坎培拉不近雪梨，也不近墨爾本。渥太華在一八五七年被指定為加拿大的首都，當時它還是個邊陲小鎮，介於安大略省和魁北克省這兩個人口中心之間，跟潛在敵對的美國也保有安全距離。亞歷山大・漢彌爾頓和湯瑪斯・傑佛遜促成了華盛頓哥倫比亞特區。漢彌爾頓為北方各州做出經濟讓步，傑佛遜則確立新都位於南方北邊。事實上，哥倫比亞特區的實際地點是由喬治・華盛頓決定的，他希望新首都建在波多馬克河上，可以成為大西洋岸和美國內陸之間的門戶。種種經濟抱負折衝之後，留下一段風光優美的老運河，現在由美國國家公園管理局照料。

巴西利亞應該是二十世紀的新首都裡最有名的，且巴西曾有先例。一八九七年，巴西的米納斯吉拉斯州拋棄了礦業城市歐魯普雷圖（Ouro Preto），想要另覓一個更適合作為繁榮共和新時代的首府（巴西在一八八九年從帝國變成共和國）。原本的「礦山之城」——很快就被改名為充滿願景的「美景市」——從衛星影像還可以清楚看出方格狀街區和斜線縱橫交錯分布。一九四〇年代，市長儒塞利諾・庫比契克和建築師奧斯卡・尼邁耶合作，利用公園、湖泊和大街來改善城市環境。接下來的十年裡，庫比契克擔任巴西總統期間（一九五六至六一年），他們又再度攜手推動更大型的城市計劃，也就是巴西利亞，里約熱內盧再往內陸六百英里的未開發土地上建起的新首都。目標是要打造一個乾淨、寬敞、現代的首府，地點要能顯現巴西是個涵蓋近半的南美洲土地的大國。

美國則是一個新的國家，其新首都的意圖便是要彰顯本身的獨立地位。當今的巴基斯坦、奈及利亞和印尼都是根據同樣的驅動力運作的，因此找到有力的理由，要用新都替代掉原本作為殖民政府中心的港口城市；新都有合宜的建物和公共空間，也比較不會令人聯想到殖民時期。位於巴基斯坦北部內陸的伊斯蘭馬巴德在一九六〇年代規劃、建成，取代了擁擠的殖民貿易港喀拉蚩，以及太過靠近印度邊境的古城拉合爾。建於一九八〇年代的阿布加，一九九一年成為奈及利亞的首都，是該國的地理中心，一方面平衡幾個主要地區，另一方面跟導致一九六〇年代殘酷內戰的種族區域脫鉤。二〇一九年印尼宣布在加里曼丹島（婆羅洲）建新都，預計增加一百五十萬人口。此舉意欲擺脫雅加達這艘「沉船」，企圖將國家經濟重心轉移到爪哇島以外的地區[12]。

被規劃出來的首都，點出整個城市的總體規劃存在的長期問題。無論是單張的設計圖，像皮埃爾・朗方

12 譯註：由於印尼首都雅加達面臨日益嚴重的城市擁擠、地層下陷危機和空氣汙染等問題，印尼政府在2019年正式宣布將遷都至婆羅洲島的東加里曼丹省（East Kalimantan）境內，並展開新都的建設工程，預計2024年起開始分階段遷都。

（Pierre L'Enfant）為華盛頓特區所做的古怪規劃、盧西奧·科斯塔（Lucio Costa）隨手一畫的飛鳥（後來成為巴西利亞的城市範本），或者國際顧問團於一九七九年為阿布加準備的二百八十頁總體規劃書，都免不了這個問題：比起要讓一大票政府官員和人民按照計劃走，讓專家起草一個全盤計劃容易得多。政府把公共建築蓋在指定地區以外的地方；美國財政部大樓擋住了華盛頓賓州大道的軸線；阿布加的總統府並不在原本預定的核心地帶。市場的機會在哪裡，私人開發就怎麼跟上，才不會乖乖照計劃走。阿布加的住宅開發不在預定的地段，零售活動沿著商店街出現，而非集中在原先設定的商業區內。整體規劃和實踐之間的緊張關係，說明了法國社會學家列斐伏爾（Henri Lefebvre）的論點：都市空間一直都是抽象計劃和通則規範相互作用之後的產物，也就是人們日常生活的實際方式，以及他們為生活、工作的地點與空間，賦予了什麼樣的意義。真正讓計劃動起來、讓城市活起來的，是城市裡的居民。

第二章

郊區是萬靈丹

一九四八年，英國城鄉規劃部推出一部八分鐘的動畫片《查理在新市鎮》來推廣新社區。影片開頭呈現城市的種種問題——擁擠不堪、過度建設、汙染、人際疏離感——片中全都用灰暗的色調來表現，工人是一團來來去去的黑點，幾乎跟煤煙的煙霧分不出來。為了尋找出路，活蹦亂跳的查理騎著腳踏車來到規劃得光鮮亮麗的新社區，此時的背景音樂輕鬆歡快，工廠乾淨又新穎，規劃師還掛保證說酒館的數量一定夠。

「查理」搬進的是英國在一九四六年到一九七〇年代之間建成的二十四個「新市鎮」之一。它們被定位成主要城市外圍半獨立的衛星城市，人口數達十萬，讓工人從擁擠的都市裡逃脫出來。瑞典和芬蘭的新市鎮頗受好評，美國的民間開發商也在一九七〇年代跟進，馬里蘭州的哥倫比亞市和德州的伍德蘭市成為僅有的成功案例。在空間樣貌上，有的如英國赫默爾亨普斯特德（Hemel Hempstead）般樸素簡潔，有的如蘇格蘭的坎伯諾爾德（Cumbernauld）一樣前衛，但大部分市鎮都演變成郊區和衛星城鎮的混合體。

新市鎮計劃之所以出現，乃是因為百年來種種分析與警告，認為工業城市會對健康和身心造成戕害，並且要為十九與二十世紀初期大型都市計劃造成的問題提供一個解決的途徑。十九世紀晚期和二十世紀，大西洋周邊國家靠著去中心化的機制設計，解決了擁擠的危機，是一次成功的城市規劃。最關鍵的工具就是交通方面的創新，剛開始是鐵路運輸系統，接著是個人車輛，搭配大量建造住宅。不過，因前述條件所形成的郊區本身也出現了問題，就算蓋公路也沒辦法解決。簡單說，郊區化為塞爆了的城市提供解方，卻也製造了新的問題，需要二十一世紀來解答。

去中心化是真理

對一八〇〇年代末期長大成人的那個世代來說，工業城市既令人著迷，也讓他們害怕。許多記者、社工、社會科學家曾經探討和記錄東倫敦、曼哈頓下城和巴黎乏人問津的區域裡的人和鄰里社區的樣貌，出版過揭露紀實，如雅各布・里斯（Jacob Riis）的《另一半人怎麼生活》、查爾斯・布斯（Charles Booth）的《倫敦人民的生活與勞動》（整整九大冊）。里斯、布斯等人都報導過城市過度擁擠、不健全的衛生設施、結構性貧困跟無產階級的不滿造成的社會問題。

小說家兼政治激進分子傑克・倫敦花了數月在東倫敦的貧民窟蹲點，研究《深淵居民》，這個書名是從赫伯特・喬治・威爾斯的《預測》（一九〇一年）一書對城市貧窮問題的描寫借來的。這位美國作家把目光焦點放在救濟院的居民、街上的孩童、失業的人、小罪犯和他們的受害者：「我懷抱著自認為很像探險家的精神，走進倫敦的底層世界。我看見飢餓和流離失所導致人長期不幸，甚至連在最繁榮的時期，他們所受的苦都無法根除。」在描寫階級衝突的反烏托邦小說《鐵鞋跟》裡，他想像美國未來的工人被困在熙攘擁擠的都市中，經理人和企業主則住在優美的郊區和封閉式社區裡（結局不太妙）。

改革者認為，有計劃地去中心化正是解決之道。一八九八年，經濟學家艾德那・韋伯（Adna Weber）主張「『郊區興起』是現代最振奮人心的發展……郊區集結了都市和鄉村的優點」，使得「盎格魯－撒克遜民族」可以逃離「悶熱、塵土飛揚、煙霧瀰漫、病菌孳生的廉價公寓和街道」。同年，埃比尼澤・霍華德出版了《明日：一條通往真正改革的和平道路》，一九〇二年以《明日的田園城市》為題重印。霍華德想用集體土地所有權來建造一個全新的「田園城市」，和倫敦中間相隔一條農業綠帶，靠鐵路來互通有無。倫敦作為一個大環圈中間的都會中心，環圈邊緣散布著田園城市。霍華德的影響力極為深遠，而且不只在新市鎮一事上，一部分是因為他繪製的示意圖非常吸睛，更是因為田園城市的構想保證能讓「都市和鄉村相結合」，和英美文化相共鳴。

四十年後，一九三九年至一九四〇年的紐約世界

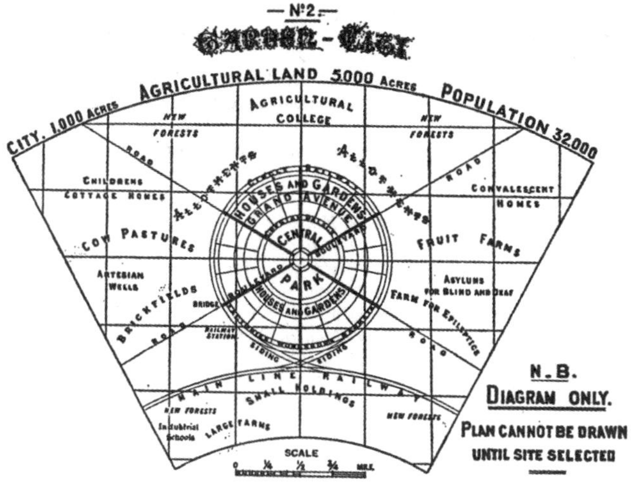

圖2｜埃伯尼澤．霍華德為《明日的田園城市》一書繪製的示意圖，圖中有一個精心設計、密度適中的社區，位在面積五倍大的耕地裡面。服務社區的鐵路主線和圖表的V型，提醒我們霍華德原本想像的是完整一圈的田園城市，包圍住倫敦和其他大都市。

博覽會展出霍華德構想的美國樣貌。在玩過高塔跳傘遊戲、讚嘆過「通用汽車未來世界展」的未來高速公路模型之後，參觀的民眾可以接著欣賞影片《城市》，由美國規劃師協會製作、城市建築評論家劉易斯．芒福德撰寫劇本、阿隆．科普蘭配樂。影片開頭時，開心的孩子本來在陽光普照的田園鄉間玩耍，畫面突然跳到匹茲堡濃煙滾滾的工廠，和一堆搖搖欲墜、快要崩塌的房子，接著又來到蟻丘般的紐約，緊張的節奏令人難以忍受，兜了一大圈，最後又回到陽光明媚的田園郊區，住著許多快樂的白人家庭。最後一幕是在馬里蘭州的綠帶城拍的，那裡是羅斯福新政所打造的田園城市，影片所傳遞的訊息跟社會學家哈蘭·保羅·道格拉斯（Harlan Paul Douglas）在一九二三年提出的告誡一模一樣：「人口膨脹的世界若不是像郊區這樣，就是非常野蠻。」

鐵軌、道路、不動產

兩百年來，交通運輸的革新、投資和規劃讓遺世獨立的郊區得以產生。當人們都靠走路移動，城市的空間型態自然也很緊密，如伯里克里斯時代的雅典和梅第奇時代的佛羅倫斯[13]。直到居民開始搭電車或開私家車，城市才跟著擴大。鐵道運輸與其道路系統也是在差不多的時期發展的，跟都市計劃和不動產開發互為表裡，彼此影響。

城市鐵路始於一八五〇年代狹小的馬車，一八七〇年代蒸汽車輛陸續出現，但除了非常陡的路線之外，其他地方用纜車就太笨重又太昂貴，馬跟城市街道上跑的小火車也常有衝突。一八九〇年代軌道電車出現（美國的路面電車），技術問題克服了，能源來自頭上的電線。電軌讓城市的有效半徑擴增超過一倍、優質開發用地增加了三倍；開發商紛紛在市中心四到六英里外的地方蓋新社區，一棟棟連棟住宅和獨棟住宅打造出新的低密度城市。美國在二十世紀中期後把路面電車換成巴士，而軌道電車依然在歐洲大城如安特衛普和蘇黎世來來去去，至於莫斯科和墨爾本的電車系統在二〇二〇年代初期依然非常活絡。

軌道電車和蒸氣火車在市中心交會，每當貨運馬車、雙輪運貨車、行人和路面電車在同一條路上出現時，往往又是一場可怕的塞車惡夢。下一步就是要把公

---

13 譯註：伯里克里斯（Pericles）是古代雅典的政治家，其時代約自公元前495年至429年，是雅典的黃金盛世。梅第奇家族（Medici）是15至18世紀歐洲勢力最大的名門望族之一，其影響力遍及政治、經濟、文化、藝術各領域。

共交通運輸系統從打結的街道上移開，往空中或地下發展。昂貴但效果卓著的地鐵鑽進市中心的地下，然後在路線末端又浮上來透氣。雖然像紐約和倫敦這種早先的系統都是一點一點建起來的，後來的地鐵系統就更有整體的概念，知道必須跟活動場域相連結。車站附近的土地炙手可熱，鐵路路線怎麼走非常重要，要是土地價格不錯，距離又長，區域規劃工具就會推動新的高層辦公室和建築群，案例如舊金山灣區捷運系統、加州的核桃溪市，以及一九九八年巴黎地鐵站附近開闢在新法國國家圖書館周邊的街區。

雖然鐵路運輸在二十一世紀蓬勃發展，尤其是亞洲，汽車卻持續從數百萬條生產線上產出。美國在一九六八年時，無論男、女、孩童都可以同時坐在前座，登記的車輛數量多達每兩個美國人就有一台，也因此汽車必須占用街道和馬路上專屬的空間，而這些空間在之前是由多個使用者一起共享的。一九二〇年代和一九三〇年代的交通工程師開發出電動交通號誌和停車規則來改善車流量，也實施限速、拓寬道路，並發展出延續至二十一世紀的鄰里、集散道路、幹線街道、公路的層級區分。

因應鐵路運輸的轉變，交通規劃師也因循前例，將最壅塞的車流轉移到專用的高速公路上，如此一來，既創造出工程奇蹟，也疏導了交通。美國人常常懊惱自己太過依賴高速公路，但也不只有他們這麼做。義大利在一九二〇年代就開創了高速公路（Autostrade）；英格蘭的里茲渴望成為「七〇年代的高速公路城」。大都會高速公路規劃受到資金、地景和政治影響，「理想中」的設計有如一個輪子，裡頭有放射狀的輻條和一條以上的外環道，像倫敦的外環高速公路、巴黎的環城大道、羅馬的大環狀路、華盛頓的首都環線。為了不被其他城市專美於前，北京也在二十一世紀建成了三條環形高速公路。

在既有的城市蓋新路總會造成一些騷亂，承擔最多的往往是貧窮的鄰里。一八五〇和一八六〇年代，喬治・奧斯曼男爵（Baron Georges Haussmann）監造巴黎的幾條林蔭大道時，強迫成千上萬名貧窮的巴黎人搬離他們搖搖欲墜的家，只因他們的家位在大道的動線上。一百年後，美國的公路工程師選擇建造都市快速道路的路線，經常也造成同樣的間接傷害。因為貧窮的社區沒什麼政治影響力、該區土地價格便宜，又多半位在市中心邊緣交通便利的地點。

在英國和美國，便捷的交通使得相對低密度的住宅區興起。美國的開發商經手的規模越來越大，例如紐約州的萊維敦和加州的萊克伍德，都是二戰後十年間知名的範型。越來越多英國中產階級期盼能有半獨立式房屋，只要跟隔壁鄰居共用一面牆，甚至最好是獨棟房屋，而非整排房子裡的其中一戶單位。美國郊區平均單戶地塊的面積從五千平方英尺（約一百四十坪）漸漸成長到四分之一英畝（約三百零六坪）；一棟新房子的平均面積，從一九七〇年的一六一二平方英尺（約四十五坪），到二〇一七年的二六六〇平方英尺（約七十四坪）。郊區風格的變化可以從電視節目的住宅場景看出來：吸血鬼獵人巴菲住的是一九二〇年代加州托倫斯的美麗平房；《脫線家族》是北好萊塢一九六〇年代農場風格住宅；東尼・索波諾則是一九八〇年代在紐澤西州北卡德維爾的偽豪宅（McMansion）[14]。

郊區規劃能夠在各方爭搶建築住宅可用地的情況下，先發制人，控管損失。強大的市場力量加上政治支持，為新住宅的開發打開了機會。規劃者運用「土地細分規則」，想辦法確保有適當的公共空間、跟現存道路系統對齊的街道、適當設計的下水道系統和排水溝管。一個大規模開發的法規選項叫作「計劃單元整體開發」，有效地整合土地使用分區管制和土地細分規則，以保有住宅形式及土地利用配置的彈性，諸如變更地皮大小，或將開放空間集合成為更大的地塊。

「郊區」（suburb）一詞令人聯想到低密度的住宅環境，可能在費城，也可能在地球另一端的伯斯，但郊區化現象在某些國家造成電梯公寓大量增加，很像美國市中心的公共住宅。如維也納和柏林在公寓住宅區建工人住宅的傳統，蘇聯的規劃師在邊緣地帶建造「小區」[15]，選擇

---

14 譯註：巴菲是1997至2003年間的影集《魔法奇兵》（*Buffy the Vampire Slayer*）的女主角；《脫線家族》（*Brady Bunch*）為1969至1974年美國廣播公司播映的家庭情境喜劇；東尼・索波諾（Tony Soprano）則是《黑道家族》（*The Sopranos*）的主角，1997至2000年間在美國HBO頻道播映。

1980年代媒體以「McMansion」（字面直譯為：「麥豪宅」）來形容市郊住宅區那些占地龐大、設計不佳卻昂貴的低俗大宅。此詞結合了快餐連鎖餐廳麥當勞的開頭「Mc（麥）」和「Mansion（宅邸）」，諷刺這些住宅的素質如快餐般低廉。

以電梯公寓來容納成長的都會人口。選用未開發的綠地不需要處理周邊原有的建築物、基礎設施比較便宜，也很容易提供各種服務，居民又可以親近自然——種種也是促成美國郊區化的動力。例如，拉脫維亞的里加有三分之二的人口住在市郊公寓住宅區，風吹拂過這些十到十六層樓水泥板蓋成的建物。華沙公約組織的其他成員國也類似。再看看由中央掌控都市計劃的新加坡，建屋發展局提供的高樓住宅裡住著四五個人，而這些高樓座落在衛星城鎮，兼有市中心的服務設施和購物功能。

另一種非常不同的聯合規劃案例，讓像美國矽谷這樣的科技區，跟印度班加羅爾和墨西哥瓜達拉哈拉等城市產生了共同點。從聖荷西到帕羅奧圖廊道的工業園區地景是高端商務和住宅開發的老生常談了，資訊時代經濟同樣也讓全球科技網絡的重鎮有所轉變。二十世紀晚期，墨西哥政府和跨國公司在瓜達拉哈拉的西側打造出低樓層建築構成的郊區製造業區，由高爾夫球場俱樂

15 譯註：小區（mikrorayon）為俄語микрорайон的英文發音，英語意譯為micodistric，為蘇聯設計的一種建築群規劃區，包含住宅（通常是多層公寓建築）和公共建築。

部的經理人和工程師來經營，這群人要是到了亞利桑那州[16]一定也是如魚得水。大面積的郊區辦公園區，和軟體、通信、生物科技自給自足的科技園區，打響了班加羅爾的名聲。眾多科技公司圍繞在這個首屈一指的科技城周邊，空間分布看起來跟德州奧斯汀非常相似。小說家道格拉斯·柯普蘭稱這些地區叫作「未來城」，一群群「看起來剛從雷射印表機裡跳出來的低矮建築」，四周有大片綠地包圍，正面掛著神祕的科技公司名稱。「未來城看起來就像一個獨立的國家被疊加到其他國家上。」這點，印度和墨西哥的窮人應該也會同意。

審判市郊

英國小說家和首相班傑明·迪斯雷利不喜歡十九世紀中期倫敦的變化。「過去五十年出現的那些新區域，都是貿易和殖民經濟所創造出來的，再也沒有哪裡比那

16 譯註：亞利桑那州氣候溫暖乾燥，沙漠峽谷並存的自然環境頗具特色，是著名的高爾夫運動勝地。

些地方更平淡、更無聊、更千篇一律的了。倫敦的潘克拉斯區（Pancras）長得像馬里波恩區（Marlyebone），馬里波恩區長得又像帕丁頓區（Paddington），所有街道都很類似，難以區別。」他抱怨道：「你必須先讀出街區的名稱，才敢上前敲門。」迪斯雷利對郊區化現象很不滿，當時郊區化剛開始，狀況還很輕微，他的抗議在一百年後有美國歌手馬爾維娜．雷諾茲的歌曲遙相呼應，她形容房子「式樣平庸劃一」，「全都一個樣」。雷諾茲並不孤單。二十世紀前半葉，支持郊區發展和去中心化的聲音成為規劃文獻的主流，一九五〇年後，對郊區和都市擴張的批評聲浪漸大。要是一九二〇和一九三〇年代乾淨整潔、精心設計的中產階級社區還算及格，戰後大量冒出來的郊區可就不能比了，像是加州的戴利城，獨棟住宅櫛比鱗次地覆滿南舊金山的丘陵上。

反對都市擴張的論點通常圍繞在美學和倫理面。這些因應汽車而生的新邊緣地景，被嫌棄為無趣、單調、醜陋，妨礙了自然風光，如同某本書激憤的書名，是「上帝的垃圾場」。批評郊區發展「草率」、「雜亂無章」、「浪費」帶有某種道德意涵。要是你喜歡謹慎規劃的城市，那麼不受控的擴張的確是滿令人反感的，因為這樣就會「搞亂」環境，或至少不按照大都市框架來發展。蔓延的郊區總被形容得造作又無趣，既沒有城市的優點，連鄉村的優點也沒有，跟霍華德所期待的結合效果背道而馳。

要抨擊都市擴張得先找一個具體的目標。很多人只是不喜歡都市擴張這種土地發展的情勢，僅只如此。擴張代表低密度、缺乏清楚的中心和邊界（規劃者稱之為「景觀的識別性」〔landscape legibility〕），或者四散又不連續的「蛙躍式」都市發展。經濟學家喬治·蓋斯特（George Galster）提出八種清楚又可量化的原則，包含密度、連續性、集中程度、與都會中心的距離、小規模土地利用的多樣程度。根據這些準則計算下來，亞特蘭大是美國的大都市裡擴張程度最高的，最少的則是紐約。

說到低密度和分散發展的實質影響，批評者確實握有一些資料。這種發展模式把成本從私人轉嫁到公部門，邊陲土地相對比較便宜，對個人來說可以降低新住宅的支出，但若要供應道路、下水道、水管線和其他需要拉長距離線路的設施，費用卻會提高。低密度的環境會增加緊急服務的成本，因為必須要照顧到更大的範圍；交通運輸服務也是，必須營運更長的公車路線，搭乘人口卻寥寥無幾。比起住在稠密區的人，郊區的家戶更常要開車，因此也造成不少環境衝擊。

這種發展模式也對自然造成負擔。東一點、西一點的開發，讓野生動物棲地變得破碎，阻礙自然排水，也讓農業無以為繼（家旁邊有在耕作的郊區居民發現，農耕竟然時而又吵又臭，令他們心煩）。美國環境運動在一九七〇年代的動力，一部分是因為郊區居民發覺戰後的住宅群摧毀了當初吸引他們的鄉村景致。塞車和空氣汙染讓超負荷的道路更加雪上加霜，畢竟這些道路本來不是設計來做這種重度使用的。高密度發展地區的化糞池排出的汙水汙染了溪流，柑橘園一一倒在推土機的刀片下。威廉・懷特（William H. Whyte）下了個結論：「都市擴張在美學上很糟糕，在經濟面也很糟。五英畝的地被用來做一英畝的事，還做得很差。對農夫沒好處、對社區沒好處、對產業沒好處、對公共設施也沒好處……甚至對開發商也沒好處。」提倡集中型規劃的人現在用更複雜的術語、手握更多資料，但他們所提的還是同樣的基本論點。

回到定義問題，比起「都市擴張」，「郊區化」包含的意涵更廣，也更為中性。最廣義上來看，近郊住宅區是一個新的城區，較舊的城區更遠離市中心。當外圍地區有一個獨立於舊城的地方政府在運作時，便能維持它們郊區的自明性，這對於為地方當局工作的都市規劃者的工作至關重要。美國針對「近郊住宅區」的統計數據，主要是看兩者之間的差別：一是住在中心市區範圍之內的人口數，二是中心區之外，但符合人口普查定義的都會區之內所住的人口數量。紐約的斯卡斯代爾和布朗克斯的里佛岱爾社區住起來都差不多，但根據行政界線來分，一個算在郊區，一個算是城區。在某個特定都會區內，都市和郊區的界線交雜不明，很難看出彼此的不同，要分辨一九四〇年代和一九七〇年代的鄰里跟現代新建的社區有何差異，倒還容易些——斯卡斯代爾跟亞利桑那州的巴克艾就是不一樣。鑒於這種形式的多樣性，字詞「suburban ring」（近郊地區）和複數型的「suburbs」（近郊住宅區），比起包山包海的「suburbia」（市郊），在世界各地應該都來得更實用些。

對近郊住宅區的批判，特別強調居民很可能得不到核心都會區的好處。巴黎的郊區（banlieues）聚集了勞工階級的住民和北非後裔，但他們不太能融入這座「光之城」[17]的生活，導致二〇〇五年發生暴動，其弱勢社經地位和社會疏離問題仍然無解。都市規劃的選項並沒有製造出貧富差距或種族、宗教間的衝突，反而在戰後決定要給工人蓋高層郊區住宅，才讓情況變得更棘手。北美則是另一番不同的景象，近郊住宅因為價格比較親切，又有創業的機會，要發展族群事業和團體也有現成客戶，成功吸引了眾多新移民。

對美國郊區的另一個批判，是女性被困在「郊區情境劇」裡。此論點尖銳嚴厲，為一九六〇年第二波女性主義推波助瀾，但隨著越來越多職業婦女加入勞動生產（一九五〇年有34%的成年美國女性在家以外的地方工作，二〇一五年上升到57%），批評的力道也漸弱了。不過，大量住宅區都離主要城市很遠，也增加了女性的

17 譯註：巴黎的別稱。據稱此名稱的由來，一是因為歷史上著名的啟蒙運動在巴黎誕生，二是巴黎是世界上最早裝設路燈的城市之一。

負擔，畢竟她們是主要負責各種家務移動的人——接送小孩、採買、以及自己的工作通勤。規劃能給的解方很簡單，就是更完善的大眾交通運輸，讓郊區之內或者郊區到市中心的移動更方便，以及開發小尺度、走路就可以得到的在地服務。

舊事重來

二十世紀的多數時候，「郊區萬靈丹」暗示郊區能夠緩解過度擁擠的城市。到了二十一世紀，都市規劃者倒想把這觀點翻轉過來，認為自己在解決郊區化造成的負面問題。好的措施包括增加公共運輸的投資、都市外圍擴張的管制政策、提升郊區內部的發展密集度、強調可步行鄰里的重要性等。事實上，儘管有現代法規和科技的支持，希望打造讓各年齡層和階級的人都宜居的城市，舊事卻又重演了。

所有住在都會區的人——像是北京、雪梨、米蘭——都知道交通問題嚴重，而且情況每況愈下。大部分人都覺得開車比較方便，於是老要求多蓋幾條高速公路幹道。把車輛分散到更多條路上，聽起來很合邏輯，好像這麼做就能讓車流更加順暢，但實際上並不是這樣。技術上這叫作「誘發需求」。經濟原理很簡單：讓某個東西變得便宜一點或容易一點，人們就會想要得到。更多高速公路幹道表面上是加快交通流量，卻吸引來以往開平面道路的駕駛人，以及一些本來沒有要走這路的人。在你還沒來得及察覺之前，就已經塞得一塌糊塗了。在一九八〇年代，經濟學家安東尼．當斯（Anthony Downs）稱這種現象為尖峰時段交通擁塞的當斯定律：「在尖峰時段，都會區往來公路的交通壅塞會來到最大極限。」

運輸規劃往往是兩種人的競爭場域，一是懂經濟的規劃者，二是政府公路部門喜歡築路的工程師。由於工程手段一向廣受歡迎，因此有不少誘發需求的實例。洛杉磯增加四〇五號州際公路的幹線之後並沒有縮短行程時間；休士頓十號州際公路花了二十八億升級，最寬的地方拓寬為二十六線道，尖峰時段的交通時間還增加了三成到五成半。在舊金山中部和曼哈頓，塞車情況大量增加、交通時間拉長，則是另一種誘發需求的例子：電話叫車讓顧客捨棄計程車，但也捨棄了公車、地鐵、走路，讓更多只載著一名乘客的車輛在同樣的街道上跑來跑去。

要取代高速公路，一個需要大量資本的替代方案就是興建通勤鐵路，現在全球各地都如火如荼地進行。投資興建高運量的運輸工具，通常指地鐵和鐵路，支持了早已滲入市中心和主要公共設施的資本投入，並推動偏遠地區沿著站點集中開發。這同時也是國家的地位象徵，代表其經濟實力已迅速趕上歐洲。二〇一〇到二〇一九年這十年間開闢了超過五十條都市軌道系統；過去四十年加起來總共也才一百零五條。北美的軌道擴建情況令人嘖嘖稱奇，華盛頓地鐵、溫哥華高架列車和其他系統陸續出現，亞洲和非洲就更不用說了，四十五個新系統裡，亞、非就占了四十個。二〇一七年，亞洲的軌道交通系統服務了兩百五十億名乘客、歐洲系統服務了一百億人、拉丁美洲系統服務了六十億人、北美系統四十億。東京、莫斯科、上海的乘客量居冠。

關於建設的決定，因為牽涉到稀缺資源的分配，本來就是政治問題。系統是一點一點建成的，要爭取中產階級的支持，代表路線會先到都市裡的富裕地區，然後才會去服務比較貧窮的區域，例如洛杉磯。中產白人郊區可能會否決擴增計畫，因為他們不希望路線延伸到經濟困窘的市中心，就如亞特蘭大。相比之下，智利首都聖地牙哥的決策者認為，以南美洲第二大的都市軌道系統來服務貧困的鄰里和就業區域，是一件值得驕傲的事。同時，美國人假設，不願意屈尊搭公車的中產階級乘客，會願意跳上嶄新的都會電車，而且還要是時尚的車站，而不是髒兮兮的街角。

高速公路的替代方案，不見得都要是上億的投資。城市可以劃定公車專用道，巴西的庫里奇巴市就是很好的典範，車班每十五分鐘就會抵達，甚至更頻繁，有穿越市區的路線，也有放射狀路線。打造腳踏車專用道和路網也很便宜，只是政治上比較挑戰，因為必得犧牲路邊停車或車道的空間。北美城市不會成為像阿姆斯特丹或哥本哈根那樣的腳踏車之都，但可以變得更友善些。修正後的土地細分規則，運用狹窄的街道來減慢汽車的速度，增加腳踏車和行人的安全。郊區能夠翻新後加上人行道，這才是真正文明的象徵。無法靠走路或腳踏車到達的捷運車站，基本上也就失去其價值。最後，經濟學家建議減少高速公路塞車的辦法，並不是蓋更多幹道，而是要藉由收費，讓開車上路變得更傷荷包。

歐洲城市對北美的變化也有一點貢獻。二〇一八年西班牙強力限制汽車進入馬德里市中心兩平方英里的範圍內，其他上百個城市也施行了相關規定。巴黎塞納河沿岸的低地碼頭禁止停車，將之轉移到共和廣場之類的主廣場周邊，因此激怒了汽車用路人。保守派和改革派共同打造了四百英里的腳踏車道。從一九九〇年到二〇一九年，巴黎的腳踏車運量增加了十倍，城市內移動的比例提高，汽車數量也大幅減少。斯德哥爾摩、新加坡、倫敦成功採用經濟學家偏好的策略，向開進市中心的汽車收費以減少交通壅塞。

要減少對汽車的依賴，因而減少地方汙染和石化燃料消耗，必須要像巴黎一樣直接採取運輸行動，並透過土地使用規範，推動非汽車選項的更佳用途。廣泛來說，分區法規應該在必要的時候提升分區用途，將土地作更密集運用，讓開發集中在新的鐵路節點周圍，目的是要促進「公共運輸導向式發展」（簡稱TOD），讓大量的住宅和商業空間座落在車站步行可達的範圍內。在密度較低的地方，土地利用規劃容許單戶住宅用地蓋雙併住宅和多單位公寓，容許五、六層樓的公寓沿電車和公車路線興建，並允許小型的商業／服務區或地帶分散在大範圍的住宅區內，好讓鄰里街區適合步行。

圖3｜英國布恩維爾的商業中心，在20世紀初期看起來是一片祥和的鄉村景致，背後卻是巨大的巧克力工廠。這個為工廠員工和白人家庭規劃的社區，其樣貌維持了125年。

規劃運動和新都市主義（New Urbanism）理念採納了許多類似的規定。一九九〇年代初期，新都市主義協會在美國嶄露頭角，提倡「完整、緊密、互相支持的社區」，明定要相互連接的網格狀街道和小型街區，有多條路線可供選擇，沒有死胡同；食衣住行服務盡在步行範圍之內；混和友好鄰里的住宅風格。佛羅里達的西賽德就是一個範例，這裡也是電影《楚門的世界》的場景所在地。

新都市主義補充了美國社會學家科拉倫斯．佩里（Clarence Perry）在一九二九年提出的「鄰里單元理論」。佩里想以公園和小學為中心來設定鄰里範圍，避免汽車從中間切過，並把店鋪、商家、教堂放在鄰里邊緣比較繁忙的街道上。佩里試著應用一些「田園城市」所隱含的規劃概念，或學習如英國布恩維爾這樣的「模範村」，也就是吉百利巧克力工廠工人所住的社區，周圍是正在發展中的伯明罕。

新都市主義的原則可運用在打造鄰里社區的目標：居民以步行和腳踏車代替開車（簡略的稱呼是「五分鐘」或「十五分鐘」生活圈）。現在只要輸入美國都市的地址，就查得到步行分數，代表走到購物、服務或公共設施的距離。許多郊區努力發展自己的主城區和社區中心，想擺脫SUV休旅車天堂的形象。「二〇三五年上海市城市總體規劃」提議要擴增綠色區域，如此一來，九成的居民只要走五分鐘就可以到公共開放空間，並設下「十五分鐘生活圈」的目標，讓九成九的居民只要走十五分鐘，就可以得到完整的各式社區服務。

花上十五或二十分鐘就可以滿足需要的城市，是合理而且有益健康的。都會地區若做什麼都要開車，長者、窮人、有身心限制的人就通通都成了弱勢，要負責主要家務移動的女性也逃不掉。都市規劃和設計能夠鼓勵走路和騎單車的話，對健康很有幫助。的確，這個目標把都市計劃又帶回初衷，都市計劃學門的出現就是因為關心公眾健康——需要改善排汙設施和空氣品質、減輕疾病、創造更宜居的住宅——但這個學門在二十世紀大多時候又跟土木工程和公共衛生分庭抗禮，各成獨立的專業。越來越多人主張要減少依賴私家車，好讓空氣變乾淨、對抗全球暖化，並且改善個人健康，少開車將是重新整合衛生界和規劃界的關鍵一步。

第三章

拯救市中心

二〇一六年我參觀伯明罕市立圖書館的時候，一群青少年正在嶄新的圖書館一隅打乒乓球。英國的第二大城伯明罕在二〇一四年落成的中央圖書館，為沉悶的世紀廣場添了一點生氣。圖書館內總是非常熱鬧，有伯明罕市各個種族的學生來做功課、成人來尋覓工作機會、遊客在兩個屋頂露臺賞景，當然還有圖書館老主顧來找書。伯明罕一直都被視為無趣的工業之都，由於舊圖書館建築擋住了正在擴張中的商業區，於是決定擴建中央圖書館。遷移圖書館保證會帶來開發機會，投入資金促進其他地方的發展。伯明罕有好些後現代建築飽受批評，不過這棟時髦的新建物倒成了倫敦以外最受歡迎的英國景點。

伯明罕的圖書館是一種延續（或也可以說更新）市中心活力的象徵。一百五十年以來，多功能的市中心一直是西方城市的一部分，費城人會去費城中心，芝加哥人都知道洛普區和北洛普區，曼哈頓則有中城。其他美國城市有「下城」，英國人喜歡去「市鎮中心」和「大街」。這些中心商業區在規劃術語裡稱CBD（central business districts），是一八五〇年到一九三〇年間從聲名狼藉的濱水商業區發展出來的，當時新的通勤鐵路系統、無軌電車、軌道電車和地鐵的各種路網，通通在市中心交會。每條新路線都加強了中心地帶的優勢。它們帶來大批顧客和工人，這些人支持著百貨公司和高層辦公室的經濟，戲院、餐廳、專賣店、旅館、政府辦公大樓、博物館、音樂廳，都散落在各處，為的就是要能夠接觸到最多顧客和客戶。

巴黎的樂蓬馬歇百貨常被譽為第一間百貨公司。埃米爾·左拉在一八八三年發表的小說《婦女樂園》刻劃了巴黎的百貨公司及「現代活動的詩意」。一個世代後，美國小說家辛克萊·劉易斯捕捉到經典的美國市中心的精髓。他一九二一年的作品《巴比特》，以在虛構的城

圖4｜伯明罕市立圖書館為英國創造出具有藝術氣息的城市市中心。投資博物館、劇院、圖書館、大學等文化機構，是全世界各大城市常見的發展策略。

市（以辛辛那提和明尼亞波利為藍本）遠眺其新市中心的景象開場：「澤尼斯的一幢幢高樓森然拔起於晨霧之上；樸素的鋼骨水泥和石灰石築成的高樓，堅實挺拔如同峭壁，而玲瓏剔透卻像銀簪。」接著他描寫街道上的情景：「風馳電掣的來往車輛，乘客好不容易從擁擠的電車裡下來，還有用大理石和磨光花崗岩砌成的高大門廊。」[18]

要找二十世紀初期的中心商業區，就要找火車站。中倫敦座落在一圈幹線車站的中間，服務英國的不同地區——滑鐵盧、維多利亞、尤斯頓、國王十字、利物浦街，以及六個其他區域。六個城市間疏運的鐵路車站構成芝加哥CBD的邊界。巴黎的中心區域一樣也是被六個大車站包圍住。蒙大拿州的米蘇拉市區位於希金斯大道沿線，包夾在北太平洋鐵路和密爾瓦基鐵路的車站之間，一直都是非常繁忙的區域。

---

18 譯註：此處翻譯採用譯本：《巴比特》（*Babbit*），辛克萊．路易斯（Sinclair Lewis）著，潘慶齡譯。1995年，桂冠圖書股份有限公司。

窳陋空間與都市更新

市中心在一九五〇年代遇上麻煩。規劃者和地產專家在二戰後十年間仍然認為中心商業區是都會區的唯一中心。如達拉斯和辛辛那提等美國城市的綜合發展計劃都把強大的中心商業區視為基本假設，所以只需要改善新的市政中心或繞城的高速公路就好。「市中心的地位不變，依然是美國主要的資源熱區。」城市土地學會在一九五四年如此表示，「還是商業和金融的蛋黃區、最氣派的購物熱點、劇院和文化薈萃之地」。但現實是殘酷的，所有的規劃理想一夕之間全變了樣。投資客和政府官員終於意識到廢棄辦公大樓的種種問題，還有郊區購物商場挾免費停車位而來的競爭。於是「聖路易斯城區開發有限公司」和印第安納波利斯公民協進會等本地企業跳出來，向政府施壓採取行動。

美國喜歡使用的工具是「都市更新」(Urban Renewal)。若用小寫字母來表示同義的字詞，美國是「urban renewal」，英國則是「urban regeneration」(都市再生)，都已經成為核心地區發展的專用術語。大寫的Urban

Renewal指的是一九五四年批准的聯邦方案計畫，一九五九年擴充，讓聯邦基金可以撥給那些能夠證明有「可行計畫」的城市，來清整跟開發低度利用的土地。都市規劃師發現了城市的邊緣地帶，那裡的建築物破敗不堪，窮人住在旅社跟廉價旅館裡。根據都市生態學的理論，都市的地理空間就像多個同心圓圍繞著同一個圓心，市中心周圍的地區算是「過渡區域」，土地價值很低。地方政府提出的再發展計畫只會順勢而為，把那些底層居民趕走，讓所有建築物傾頹毀壞。

都市更新在一九五四年獲得美國最高法院的批准，美國憲法第五修正案的「徵收條款」禁止聯邦政府在沒有合理補償的情況下徵收土地，但實際上聯邦政府卻長期容許為了明顯的公共目的徵用或收購私人土地，像是造橋或蓋學校，但有個華盛頓哥倫比亞特區的企業主對「哥倫比亞特區土地重建局」提出挑戰，控告重建局拿走他的財產後又轉移給另一個私營機構。根據《伯曼訴帕克案》[19]的訴訟結果，法院支持市政府這邊，一致認同可以為了清除窳陋空間這種廣泛的公共目的來徵收私人土地。半個世紀後，有伯曼這個前例，高度爭議的《凱洛訴新倫敦市案》[20]又延伸原本的原則，容許強行徵用非窳陋的房舍來支持某個藥廠擴建。

都市更新是針對局部地區，而非全面實施。資源不足以把整個市中心的邊緣都改造得現代化，因此都市規劃部門和都市更新機構把目標鎖定在符合這些條件的區域：極度有礙觀瞻、窮人聚集、具有開發機會。這些部門和機構的目標時而含蓄，有時候又表現得大咧咧的，要確保市中心對於中產階級的購物人士、工作者和居民足夠舒適。他們蒐集社會數據、清查財產、準備好地圖，

---

19 編按：《伯曼訴帕克案》（*Berman v. Parker*）：美國最高法院於1954年對徵用條款（「在沒有公正補償的情況下不得徵用私有財產」）做出的裁決，法院以八：〇的投票結果，認為私有財產可以在獲得公正補償的情況下用於公共目的。

20 編按：《凱洛訴新倫敦市案》（*Kelo v. City of New London*）：新倫敦市根據經濟發展計劃行使徵用權並沒收私有財產，2005年，九名業主以凱洛為居民代表，對徵用提出異議，因為這些財產將被出售給私人開發商，他們認為這不構成公共用途。法院最後認定該開發計劃服務於公共目的，未以使特定類別的可識別的個人受益，符合第五修正案徵用條款下的公共使用，將經濟發展排除在「公共目的」的廣義定義之外是沒有根據的。但五：四極為接近的比數也引發爭議與討論。

上面用紅色或黑色墨水點出窳陋地區的位置。接著城市與重建發展的力量取得土地、把地清理乾淨、改善街道和設施的品質，然後把土地轉手給私人飯店、公寓、辦公大樓開發商、缺土地的醫院和大學。他們也蓋會議中心、運動賽場、體育場、州政府和地方政府的市民中心，偶爾會蓋個低收入住宅。亞特蘭大清整土地以擴建喬治亞州立大學和喬治亞理工學院、蓋一座演藝廳和會議中心、新住宅，以及市中心外緣的新體育場，附帶許多平面停車位，如此才能吸引勇士棒球隊從密爾瓦基遷過來。一九六六年市長伊萬・艾倫宣稱「亞特蘭大正處於四年的成長高峰期，史上沒有任何其他美國城市可比。」

歐洲的重建就更多樣了。曾經受到戰爭蹂躪的城市如鹿特丹，其市中心就需要徹底重頭來過。經過數十年的辯論，斯德哥爾摩在一九六二年決定要剷平大部分的舊城區，闢建更寬闊的街道、停車空間和新的商業大樓。其他城市在重現老城區時則小心翼翼。法國政府為了要蓋一座醜陋的購物中心，將歷史悠久的巴黎中央市場拆除，引起很大的爭議，但法國政府選擇推動新的現代化商辦區域——拉德芳斯區——位於整個都市軸線的

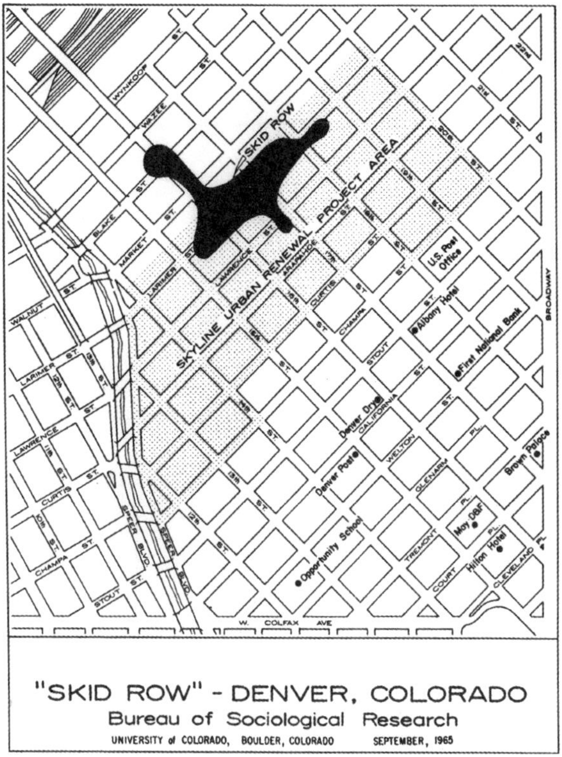

圖5｜1965年，科羅拉多大學的學者繪製出拉里默街區（Larimer Street district）的地圖，這裡長年是科羅拉多的貧民窟，是城市裡衰敗的地區，圖上有塊明顯的墨漬。該區域大多已經因為「天際線都更計畫」（Skyline Urban Renewal Project）清理得差不多了，清理的程度用小點來表示。

末端，軸線經過凱旋門來到巴黎市中心，距離有六英里遠。早在新聞記者喬爾．加羅（Joel Garreau）創造出「邊緣城市」（edge city）這個詞彙來描述美國郊區的辦公大樓集群之前，拉德芳斯區就已經是名符其實的「邊緣城市」了，光鮮的高樓成為導演尚盧．高達的科幻電影《阿爾發城》的故事背景。小一點的城市也不落人後，一九五〇和一九六〇年代因大量人口遷到倫敦城外居住，艾爾斯伯里急遽成長，但其市中心竟然蓋了新的購物商場來代替幹道大街，摩登現代的市容讓守舊派很沮喪。那棟十層樓的購物商場結合了地方政府的辦公大樓、一個公車站，還有全英第二大的沃爾沃斯超市。

跟大多數美國人一樣，哥倫比亞首都波哥大的規劃者和政治人物想要把難以管理的底層居民遷走，改造市中心來服務中產階級。一九四八年的暴動之後，當局批准興建第一批高層建築，並且開拓寬闊的大街穿過工人居住的地區，藉以拆除貧民窟，就如同百年前奧斯曼男爵對巴黎所做的一樣。一九八〇和一九九〇年代，波哥大將「骯髒」、「汙穢」、「擁擠」的廉價公寓夷平，改建成中產階級的公寓大廈，人口密度也調整了一番。國際規劃顧問和新加坡的案例扮演重要的角色，幫助形塑波哥大的都市更新計畫，並為其合理性辯護。

珍．雅各革命

就在伊萬．艾倫市長滿腔熱情地寫下前面那句話的五年前，珍．雅各的著作《偉大城市的誕生與衰亡》（一九六一年）撼動了都市計劃界。珍．雅各是個交遊廣闊的建築記者，運用寫作技巧解釋了「規劃者」（planners）（她所使用的籠統詞彙，用來表示形塑城市外在型態的人）錯在哪裡以及該怎麼辦。問題就出在大規模、由上而下的計劃，包含大部分都市更新計劃和公路建設。解決辦法是要支持城市本身的社會結構，以及改善步行環境。她推廣的想法後來成為普遍的常識——活絡的人行道很重要、小街廓和鄰里公園的存在有其必要、在可負擔的舊建築裡發展新事業創造價值、以及區別街區改善規劃的「細水長流的資金」和徹底翻轉改造鄰里的「氾濫鉅款」。她的評論兼顧美學和民族誌的觀察，核心原則就是「小尺度」和「多樣性」。

珍．雅各來者不拒，從霍華德、柯比意到當代建築師、開發商和工程師都一一對話。雖然她也有提到其他大城市，但主要還是針對羅伯．摩斯（Robert Moses）提出批評。羅伯是紐約市公園、橋樑和高速公路的主要規劃者，珍．雅各跟他針對格林威治村的未來數度攻防。對小到連村莊規模都不到的城市來說，珍．雅各對市區和鄰里日常經驗的看法，仍然頗具參考價值，她成為二十世紀後半葉都市計劃界最有影響力的英語評論家。大量趣聞軼事和實例使她的論點平易近人，社會學家米歇爾．德塞托（Michel de Certeau）後來進一步比較，從摩天大樓頂端往下鳥瞰和規劃城市，跟直接觀察居民每天如何使用跟改造空間，兩者之間有什麼差別。

委內瑞拉從零開始規劃的工業城市圭亞那城，顯現了由上而下的「專業」規劃出現的問題。圭亞那城座落於卡羅尼河和奧里諾科河的交界處，是野心勃勃的國家發展政策的一部分。規劃團隊來自哈佛大學和麻省理工學院，多半都在首都卡拉卡斯辦公室外一天車程遠的地方工作，成員有建築師、都市設計師和經濟學家。他們立意良善，為現代化的未來城市準備好一套執行計劃，卻沒有顧及當地居民有什麼需要和期望。地圖上，各種色彩所標記的土地使用模式並不總是反映出真實情況——圖上畫的藍色河流實際上是泥褐色的，標成綠色的公園和社區則多半灰撲撲的。

圭亞那城的發展計畫啟動二十年後，出現了不只一個城市，而是兩個！一座城只有孤伶伶的辦公室和公寓大樓，裡頭的人是官員和企業管理者，另一座城則是負責推動事情進行的工人。規劃團隊裡的人類學家麗莎・佩蒂（Lisa Peattie）提出批評，形容這個對比就像從貧民窟跟規劃事務所看出去，兩者風景天差地別。誠如一位委內瑞拉經濟學家所言：「不管他們規劃得多周到，人們總會不斷插進來打亂一切。」

珍・雅各並不是唯一批評大規模重建規劃的人。支持市場的評論家一針見血地指出，都市更新是由政治而非市場現實所驅動的，因為政府官員高估了市中心房地產的需求，導致城市大片夷平的空地上依然空空如也。社會評論家也同時為被針對的鄰里辯護，認為它們具有獨立運作的能力，是「城中村」，而非機能失調的貧民窟。舊金山市場街南邊街區的單人房旅館、便宜酒吧、二手店、維修店，很容易被歸為不合格的區域，但那裡也是一群不再從事勞動生產的年長者長年居住的地方。在成為時髦的市場南區（South of Market，簡稱SOMA區）之前，居民和社區工作者已經為了抵抗街區重建奮鬥了二十年。沿著海邊往下，道奇體育場在一九六二年落成，跟洛杉磯的普辛廣場距離兩英里。這裡是夏天晚上看棒球的好地方，但很少棒球迷記得，體育場的開發排擠掉在此地蓋公共住宅的計畫，而且長期住在這裡的墨西哥裔美國人社區也被迫遷離。

珍．雅各幫助市中心規劃師重新體會到活絡街區的重要性，並視中心商業區為一組一組的小分區，而非一個單獨的地方，也再度肯定舊城區的價值。郊區有多功能電影院，但市中心有夜生活，也有劇院、音樂廳、博物館的藝術街區；郊區有餅乾模子般出來一個樣的購物商場，而市中心有節慶遊行的傳統路徑。在正式的規劃方案中，重點放在建築設計標準、保存歷史建物、將高樓容積移轉成公共設施（如廣場）的方案，以及類似手段讓市中心也能帶來良好的視覺體驗。「一九八一年芝加哥綜合發展計畫」就先提到休閒活動，文化機構次之，辦公區第三。「一九八五年舊金山市中心計畫」是美學規劃的頂點，半數內容都在討論歷史建築、開放空間，以及透過一群專家所主導的設計審查來維持天際線的風貌等等課題。

許多城市認為自己原本的市中心需要增加一些特色景點。一九七〇年代晚期和一九八〇年代，開發商詹姆斯・勞斯從蓋郊區商場轉向，推出開創性的「市集廣場」，例如重新運用歷史建物的波士頓法爾尼廳市場，以及新建巴爾的摩港灣水岸市集。這些成功案例引起其他眾多城市效法，通常都遵循都市更新慣用的公私協力機制。一個極端的案例是聖地牙哥的赫頓廣場，此處是人為設計環境，分成六個中心街區，引領旅客進入一個錯綜複雜的購物中心，有好幾個樓層、空橋、彎來彎去的走廊以地中海色調裝飾，如此在進入周圍灰撲撲的辦公大樓前，能有個「趣味」的過渡空間。到了二〇一〇年代末，這些地方大部分都已變得空蕩蕩的，一時的風潮不再。模仿的經典之作是「步行街」（CityWalk）的仿市中心街區，封閉的散步道沿路有餐廳、店鋪和劇院，就在環球影城主題公園旁邊，好萊塢山的一〇一號公路旁。對觀光客來說，這裡是「時代廣場」的替代品——大阪也有一個翻版。

「步行街」只有兩個，但許多城市都有可跟伯明罕比美的新圖書館。芝加哥身先士卒。經過長期激辯，芝加哥在洛普區癜陋的南端選定了一塊地，一九九一年哈羅德．華盛頓圖書館開幕，為「議會街」南邊舊鐵道帶動的工業街區帶來了更多投資。新圖書館跟博物館和音樂廳很像，是城市展現內涵的好時機。阿姆斯特丹、亞歷山大市、赫爾辛基都有新圖書館。為城市擘劃願景的人知道，邀請建築明星為公共建築加持能促進文化觀光，也可以為城市冠上進步的形象。溫哥華和鹽湖城都請來摩西．薩夫迪（Moshe Safdie），丹佛找了麥可．葛瑞夫（Michael Graves），明尼亞波利斯委託西薩．佩里（Cesar Pelli），卡加利則跟斯諾赫塔（Snøhetta）設計事務所合作。建築理論家雷姆．庫哈斯（Rem Koolhaas）為西雅圖的中央圖書館設計了獨特的螺旋，圖書館外觀呈現網格狀，書本及手扶梯陳設也不落俗套，為西雅圖贏得了前衛的建築口碑——況且它在評論網站Yelp上，可是四．五顆星的觀光景點。中國第三大城也推出一個宏偉的新圖書館，稱之為「廣州的象徵，一座充滿活力、開放又包容的城市。」

伯明罕已經把所有都市更新菜單上的菜色全都點齊了。一條多線道公路環繞著約莫二．五平方英里的市中心，帶有英國風情的圓環路口點綴其間，新建設跟十九世紀的城區混搭交雜。嶄新的多層購物中心既照顧大眾市場，也滿足高檔消費者。圖書館跟伯明罕劇院共享空間，從會議中心和高級的音樂廳走過去只要短短的一段路，往下走到古運河旁，沿路有許多餐廳、辦公室、住宅和水族館。商圈黃金地段的另一邊，是整建完成的表演空間、阿斯頓大學和伯明罕城市大學。一條新的輕軌線越過行人徒步的商店街（這個概念在歐洲或恐怕澳洲都發展得比美國好）。伯明罕市中心的地貌很怪異，街道形式曲折迂迴，並非所有新舊元素都能夠互相融合，但伯明罕率先拋磚引玉，示範了一個十九世紀的市政領導者嘗試用當代的規劃工具為二十一世紀的城市發展做準備。

全球城市的市中心

一九九二年，巴爾的摩金鶯隊進駐市中心商業區旁邊的肯登園金鶯球場，扭轉了長期以來在郊區蓋球場、周圍被一大片停車空間包圍的情況。丹佛、克里夫蘭、西雅圖、辛辛那提、舊金山、底特律、聖地牙哥（兩條街外就有一間新圖書館）也跟著效法。目標是要強化市中心的娛樂吸引力，以及重新運用閒置的工業用地。第一個目標延續了一九八〇和一九九〇年代的主要規劃重點；第二個目標則把注意力放在眼前這個世紀，並尋找不動產投資的機會，以在商務投資和活動都高度流動的新自由經濟制度內，保持城市的全球競爭力。

從一九五〇到一九八〇年代，中心商業區規劃的首要目標，都是要精選核心地段，使大都會地區能與地區零售商場和「邊緣城市」的辦公室集群相互競爭，其次則是要憑藉著區域和國家經濟跟其他城市競爭——北卡羅來納州第一大城夏洛特對上喬治亞州的首府亞特蘭大、加拿大亞伯達省最大城卡加利對上該省首府愛德蒙頓、澳洲第二大城墨爾本對上第一大城雪梨。在資訊經濟領域裡，金融商務服務的重要性日益增長，大城市漸漸不把市中心當作個別都會區的焦點地區，而更是活動的網絡節點，以在後工業時代經濟的全球網絡中爭取一個位置。負責推動經濟發展的政府官員研究各自的城市在全球位階名單中的分數，這些名單是由顧問公司、記者和學院提供的，該排名乃是衡量高檔設施、航空運輸、財務管理公司的實力和觸及範圍而定。紐約、倫敦、巴黎、東京彼此競爭領導地位；雪梨、舊金山、馬德里、米蘭屬於第二階。有錢人變得更有錢：蒙特婁努力要追上多倫多；大阪始終有個「東京問題」要面對。

都市更新計畫是針對特定的問題區域。一九七〇和一九八〇年代的市中心綜合發展規劃，很像在接受一套備受好評的節食計劃、運動、預防性投藥跟選擇性手術之後，再來個全身檢查。當代市區多半經濟繁榮，卻還是需要更多空間和不動產投資的機會，使得城市和私部門把腦筋動到核心區邊緣的廢棄或落後工業區，尤其是鐵路調度場和水岸邊，因為大面積土地比較容易整合，這類土地的徵收和遷移的費用也比較低廉，是蓋新辦公室、頂級住宅、休閒設施的黃金地段，以吸引跨國企業辦公室、金融與專業服務、高知識白領菁英進駐。

都市再生規劃和私人利益的緊密關係提醒我們，更有效率、更密集地利用土地來推動經濟成長，一直都是都市規劃很重要的作法。新的市中心就是要來服務新馬克思主義分析所說的「資本第二迴路」[21]，從生產原料、到把原料製作成商品，這段過程所賺到的錢藉由地產開發和投機買賣獲取更高的報酬。因為第二迴路裡的資本是可以自由流動的——不綁定特定資源或地點——城市必須努力保持自身的吸引力，不能輸給其他城市。

倫敦碼頭區是這類後工業擴張的典型案例。一九七〇年代，東倫敦泰晤士河北岸廣大的碼頭和倉庫因土地過剩被閒置。英國政府成立了倫敦碼頭區開發公司（一九八一至一九九八年）作為大區域的再發展機構。該機

---

21 編按：大衛・哈維（David Harvey）提出三種資本迴路（Circuits of Capital）的分析框架，解釋資本流動與城市發展的關連。第一個迴路是資本在生產領域（如製造業）的流動，當商品出現生產過剩的危機時，閒置的多餘資本流向以建築營造為主要內容的第二迴路——用於生產的固定資本（廠房、公路、鐵路和港口等）及創造消費基金（金融房地產）。

構蓋了直通倫敦市中心的「港區輕軌」，並把土地賣給主要的開發商。金絲雀碼頭是倫敦當時最高建築物的所在地，剛開始本來是示範區，之後在一九九〇年代初期房地產不景氣的時候成了一場財務悲劇，後來又恢復成倫敦第二大金融區的中心地段。該「鄰里街區」服務的是高收入的專業人士，而非曾在碼頭和倉庫謀生的勞工階級家庭。

其他城市也採用同樣的策略：布宜諾斯艾利斯把馬德羅港的廢棄碼頭改造成國際級的高級地段。位於墨爾本市中心西邊的濱海港區，也是斷斷續續發展起來的。特殊的國家機構「維多利亞省市區重建局」（VicUrban）和墨爾本市政府將該地區切分成小塊地，吸引個別投資者。幾十年前的都市再發展，若想讓市場需求追上企業辦公室的宏偉藍圖，或者讓原本一萬個居民的住宅住到兩萬人以上，經常得要花上數年。

濱海港區的故事告訴我們，綜合發展計劃是公部門和民間都關心的待辦事項。公部門闢建公園、蓋負擔得起的住宅、改善交通運輸系統；私部門則負責建造辦公室、賣場和私有住宅，來充實計劃內容。這麼做通常也代表量身打造公私交易關係，一次處理一小塊地，讓公共誘因和私人資本相互契合。市政當局或許會答應要改善或清空一條街、給予容積獎勵，或更改邊緣地段的用途規劃。二十一世紀推行的事物可能會有新的流行語（「創意街區」），但其實看起來就跟之前沒什麼分別。

英國小說家瑪格麗特·德拉布爾一九七七年的作品《冰河世紀》中，主要角色都是不動產開發商。一次拜訪的途中，一位精於世故的開發商帶著另一個開發業者參觀「他之前經手推動開發的北邊市鎮中心，引領他巡禮店家、辦公室，描述跟市政單位周旋以及打敗其他競爭者的過程」。這本小說出版的四十年後，一個北邊（或起碼算中部地區）城市的市議會在二〇一八年發表了「建設一個更好的諾丁漢」的規劃口號，目標是要「確定這座城市是在跟歐洲最優秀的區域資本競爭」。該報告描述了數個核心地區，強調它們各自的設施條件，廣招投資進駐——算是德拉布爾的小說的實境版本——然後要跟該市的再生推動團隊聯絡，探聽市中心和周邊鄰里的「機會之地」在哪。

新市中心區域的一個共同目標，是希望創造供大眾使用的公共空間——像是廣場、購物中心、水岸步道，有時候還會中個頭彩，比方芝加哥的「千禧公園」，觀光客、上班族、出來走走逛逛的郊區居民都很喜歡。其他設施的開發計劃也備受關注。紐約的「高架公園」將高架鐵路改造成線形公園，這項了不起的設計成就很努力吸引所有紐約人前來。另一個碼頭整容術的成功案例比較沒那麼有名：曼徹斯特的索爾福德碼頭，結合了常見的住宅、商辦大樓、購物中心、新電車路線（一定要的），以及舊港邊恬淡宜人的水岸步道。曼徹斯特煞費苦心想要趕上倫敦，碼頭區的開發就是努力成果之一，對於一個剛躋身百大全球城市、卻心繫亞軍地位的城市來說，的確是件不容易的事。

無論是像曼徹斯特那樣拚命追趕、或者像上海一樣爆炸性成長的城市，都發現為上層階級市民規劃市中心，把中心城區的歷史角色先放一邊去，比較容易追求投資機會和全球性的地位。理想上市中心可以是所有人的好鄰居，讓不同背景、都會不同地區的人共享。在二十世紀初期和中期，市中心裡的百貨公司和戲院要服務整個城市；街道上有愛國遊行和社區嘉年華，如同精彩的芝加哥電影《翹課天才》裡歡樂浮誇的「搖擺與嘶吼」場景。就算規劃者努力要為城市在全球經濟中占得一個好位置，仍必須要記得中心地帶的公共空間對於市民生活是非常重要的。從倫敦的特拉法加廣場到智利聖地牙哥的義大利廣場，大城市總有些地方能容許民主發生。美國需要國家廣場和鄰近的公園來舉辦各種政治目的的遊行。一九八九年布拉格的瓦茨拉夫廣場幫忙締造了歷史，二〇一一年開羅的解放廣場也是。

核心區的規劃也顯現出一個廣泛共享的規劃語彙的適用範圍——一九六〇年代在瑞典和加拿大的現代主義更新計劃，二十一世紀從新加坡到舊金山則致力創造設施齊全的都市景觀。一群群有國際經驗的建築師、工程師、規劃顧問將基本概念傳遞出去。國際研討會和組織，以及西歐和北美規劃教育的影響力在全球發酵。當前的資訊交換方式是搭船旅遊的超級擴大版，例如，美國人從英國那裡學到城市環境衛生的新觀念、從德國學到土地使用分區管制、從歐陸各首都學到城市設計。美國建築師丹尼爾・伯納姆和查爾斯・麥金姆（Charles McKim）、景觀建築師小弗雷德里・奧姆斯德（Frederick

Law Olmsted Jr.）在一九〇一年一起度過了愉快的夏天，他們參觀巴黎、倫敦、維也納、布達佩斯、威尼斯、羅馬之後，全力以赴想把華盛頓打造成名符其實的首都。二十一世紀，搭飛機旅行已經是司空見慣的事，表示官員和市政領導人的代表團想要在全世界跳點尋找優秀案例的話，可以效仿伯納姆，但只需騰出一個完整的週末，而不用耗一整個夏天——交換的資訊量更豐富，但或許深度比較不足。儘管如此，結果就是有一套國際的設計和規劃語彙，在各個大陸為全球商務和新自由主義經濟的利益服務，形塑出市中心的樣貌。

第四章

彼此競爭的社區

在開發計劃的迷人構想跟規劃法規的技術語言背後，隱藏著都市規劃的偏見問題。規劃是由握有經濟和政治實力的人來執行的，傾向於服務都市的房地產業裡有經濟利益的人——市中心投資客、郊區建商、屋主——另外還有那些社會地位較高的人，通常伴隨著的是白人、男性、受過良好教育，而且有錢。其結果可以直白如邁阿密高速公路的路線，在白人和黑人社區之間直接設下屏障；也可以細微如設計公共廣場時，絲毫沒有考慮女性的安全顧慮。

土地利用和開發是地方政治的關鍵課題。都市規劃本來就離不開政治，因為它必須分配都市成長及都市生活的利益和支出。德國和蘇聯軍隊為了龐大的賭注，在史達林格勒從一個街區打到一個街區；開發商、屋主、社區工作者、政府官員不斷角力拉扯，從一個街區吵到另一個街區，所爭論的議題看似枝微末節，卻可能對社會和經濟平等造成深遠影響。土地使用分區管制條例與細則看似不可撼動，其實還有討論空間。這些條例和細則針對使用條件提出相關規定，有些規定本來沒有允准的事情，在某些規定下又可以通融，而且還有彈性調整的空間，擺明就是例外。土地使用分區有時也會給予額外的坪數獎勵鼓勵優良的開發行為（比如提供更多的開放空間）。

這麼做的後果就是產生諸多個別的政治說服行動，各方利益各自就議題向規劃委員會和城市規劃署遊說，像是要求允許公寓大廈超過限制高度、同意讓獨棟住宅的街區建雙併式住宅、或允許房子非常靠近地界線。波哥大和波士頓的細節各有千秋，但基本運作狀況其實是差不多的。小說家瑪格麗特．德拉布爾在《冰河世紀》這部作品裡就掌握了內行知識的重要性：其中一個角色打算在南倫敦推動一個開發計劃，他的一個同事「認識很多開發商的建築師，深諳這些建築師跟土地規劃局打交道的方法……規劃署很喜歡羅里的設計圖，便把老房子拆了。」

為中產階級所做的規劃

十九世紀的歐洲和北美的城市空間非常雜亂。地主各行其是，蓋的房子有大有小、有廉價有豪華，有一次一個地塊慢慢開發的，也有一口氣好幾個街區的發展計劃。各種用途混在一起：大樓後面有馬廄、店鋪開在馬廄旁邊、店的後面又有簡陋棚屋、工廠夾在亟欲發展的街區中間。城市裡有清楚的商業區和高級住宅區，卻一直免不了有不受歡迎的新開發或惡鄰造成地產價值下滑。建築樣式和用途混在一起變成大雜燴，對高檔街區的住民來說，在財務和社會面上都造成威脅，畢竟他們原本期待鄰居也一樣喜愛舒適的家園和恬靜的生活方式。於是一百二十五年來，各種規劃的重點都放在限制或引導都市土地的開發利用，以保住高級住宅區和商業黃金地段的價值。

地產開發商和地主有辦法透過私下協議土地利用

的方式完全規避政府法規。在某些情況下，開發商把顯然屬於公有的土地當作私有地，不肯把地讓出來給公部門，比如聖路易的私家街道、倫敦的私人封閉式公園和廣場。二十世紀初期，美國許多住宅區出現了限制性契約，每塊地都要按照該契約規定，甚至從前一個地主到後一個地主也都延續適用。契約通常會標明許可用途、設定建築標準，而且惡名昭彰地刻意排除非白人買家和租客。從上千個案例裡隨便舉例，奧勒岡州波特蘭市的阿拉梅達公園街區宣傳是「夢想家園，黃金投資」，以及「太平洋岸最大尊榮獨具的住宅區一隅」。細節包含新屋的最低價（美金二千五百至三千五百元）；必須退縮距離地界線二十英呎；除了部分角落地區，其餘部分不得作商業用途；沒有公寓、旅館、馬廄；也「不會出現你不想看到的膚色或種族」。美國最高法院針對《雪萊訴克雷默案》[22]曾經宣判，跟種族有關的限制性契約在法律上不能強制執行，只不過類似的說法迄今仍出現在很多契據上。

　　不動產契約偶爾會把猶太人加到黑名單裡，刻意列出「閃族後裔」跟其他不受歡迎的群體並置。這種情況跟反黑人或反亞洲人的限制條件比起來，比較沒那麼常見，有些州則根本直接駁回跟宗教或信條有關的限制，例如一九一九年的明尼蘇達州。不過，私人不動產市場卻將反猶太主義落實在所有日常作為裡。一九六〇年代，紐約西徹斯特郡和俄亥俄州代頓兩地的居民還是能夠分辨出哪些鄰里街坊跟郊區是開放的、哪些不是。

契約繼續發展成CCRs：契約（covenants）、條件（conditions）和限制（restrictions），適用於「共同利益開發」，規模可以從一組六排房子、公寓大廈、到大型的度假中心或養生村，例如南加州的「海松園」。由管理委員會來執行如外牆油漆的顏色、徵收費用來維護公共區域、提供服務和康樂設施等這類社區事宜。管委會部分取代了地方政府的角色；原本應該從稅收裡支出的費用，靠物業管理費就解決了。有些社區利用這些協議限

22 編按：《雪萊訴克雷默案》（*Shelley v. Kraemer*）：該案起源於1945年，非裔美國人雪萊家在聖路易斯購買了一棟房屋，十條街外的克雷默主張該區房屋有一限制性契約，禁止「黑人或蒙古族人」占有該房產。1948年美國最高法院以六：〇的判決支持雪萊家，裁定不能依法強制執行種族限制的住房契約。

制住戶只能是年長者。近年來，許多這類社區建起高牆和柵門，像在美國南部、西南部，以及中產階級快速竄起的國家如印度和巴西（這種封閉式的住宅區葡萄牙語叫作condomínio fechado，意為「門禁社區」）都有。結果就是出現一堆「私托邦」（privatopias）：私人市場中的個別分類和群體區隔的利益，取代了公共領域的共同基礎和利益。

「私托邦」也出現在美國的小說作品裡。約翰．巴思的《發展》（二〇〇八年）就辛辣地嘲諷白領主管退休後住進馬里蘭東岸的封閉社區「蒼鷺灣村」，他們為了要獨享舒適的生活環境，選擇半隔離的居住狀態。T. C.博伊爾的《玉米餅窗簾》（一九九五年）剖析了地產私有化如何在洛杉磯被利用成種族隔離的工具。在托班加峽谷的高級住宅區「阿羅約布蘭科社區」首開先例，決定幫他們的住所加裝一道大門，後來又蓋了一道牆防「郊狼」——該社區對可怕的人跟動物的簡稱。當地的房仲描述人們如何對種族遷移的擔憂，聽起來依然相當熟悉：「從南邊湧入的人潮在此時是個商機，因為洛杉磯市區所有的白人中產階級都外移到郊區了，她特別指明遷移到的區域：卡拉巴薩斯、托班加、阿羅約布蘭科等社區……所有聰明的買家早已退到城外……必須設定一個範圍、一條界線、一個限度，不然他們接下來就會移動到卡拉巴薩斯，再來是千橡市，然後一路往北岸來，最後所有社區都被攻占。」

正式的土地使用分區管制是權宜私法規制的另一種選擇。十九世紀末期的美國城市實驗過「社會分區」（例如在舊金山劃定一個中國城）和「磚造建物條例」，規定市中心區的建築必須採用耐高溫的石材或磚塊砌成（通常都在城市慘遭祝融後開始實施，如一八六三年的丹佛和一八七一年的芝加哥）。超過一打以上的南方城市在一九一〇年代嘗試實行明確的種族隔離措施，靈感來自南非的《土地法》（一九一三年），該法將南非的土地分成兩邊：其中的九成土地只有白人可以持有或占用，剩下一成則屬於黑人。不過美國的伎倆沒有成功，因為最高法院在《布坎南訴沃利案》（一九一七年）[23]將路易維爾的法令作廢，不過理由是這麼做限制了地主的權利，而非因為它是歧視性的。而如亞特蘭大等城市繼續採行其他種族隔離措施，而且還持續了好幾年，不斷試探此裁決的漏洞。不過，亞特蘭大最後還是轉向「種族中立」，靠經濟地位來決定土地分區[23]。

南非的種族隔離制度，來自城市裡長期依宗教和種族區隔空間的作法。歐亞大陸的商業城市常常另設區域，讓來自貿易夥伴的商人能夠住在符合家鄉習俗的地方——中亞絲路的城市裡有印度區、中國的城市裡有穆斯林區、羅馬天主教的威尼斯有信奉東正教的希臘人專區。歐洲早期的現代國家所設立的猶太區，既是按照法律規定，也是遵照風俗（一五一六年威尼斯第一次使用這個詞）。兩百年後，不列顛東印度公司將馬德拉斯（現稱「清奈」）分成「白人城市」和「黑人城市」。英國在十九世紀持續擴張帝國版圖，政府便把這套制度廣推到各地，為二十世紀的南非白人建立起典範和訓練基地。

---

23 編按：《布坎南訴沃利案》（*Buchanan v. Warley*, 1917）：肯塔基州的路易維爾市有一項法令禁止黑人在白人社區購買房產或居住，黑人律師沃利向布坎南購買的房產因此無法居住而未完成交易付款，訴訟結果，最高法院一致認為，路易斯維爾市的法令違反了契約自由權，剝奪了個人獲取、享有和處置財產的權利，該法令被判定為違憲。此判決對推翻種族隔離政策具相當重要性。

若說南非為美國的土地利用分區管制提供了一個失敗的範例，那麼德國就是成功典範了。一八七五年，第一部德國土地的規劃法授權城市設立建築標準及綱要計畫。規劃行動在一八九〇年代的柏林、杜塞道夫、漢堡進展迅速，尤其是法蘭克福建立起土地利用分區，各區都有不同獲准進行的活動及建築法規。一九〇二年，法蘭克福被賦予權力，得以為了如興建住宅等公共目的來徵收土地。美國人很崇拜德國的都市規劃工作者，認為他們是科學專業人才。幾位赫赫有名的評論家，如幫美國籌劃第一場都市規劃全國會議的重要人物丹尼爾·伯納姆和班傑明·馬什（Benjamin Marsh），都認為法蘭克福是能夠將規劃者期待的法規付諸實行的理想典範。弗雷德里克·豪（Frederick C. Howe）相信德國的城市是新世紀以來最好的。

紐約經常被譽為第一個採行綜合區域規劃的美國城市，但其實它是追隨洛杉磯和德國的腳步。洛杉磯在一九〇八年劃定了五個禁止從事商業活動的住宅區和八個工業區，只不過並非包含整個洛杉磯市。一九一六年，紐約批准了劃時代的土地分區管制條例（但因為一次世界大戰的緣故，絕口不提跟德國的關係)。該條例全市適用，對城市的功能和外觀都有影響，規定你可以如何使用一塊地，以及上面可以蓋什麼。法令將紐約分成住宅區、商業區、非管制區，並加上五種高度限制，使得紐約人蓋出了曼哈頓多處可見的「階梯金字塔」式建築。

土地使用分區很快在北美流行起來。一年內有二十四個城市效仿紐約的先例，十年間大概有五百個城市如法炮製。第一波的規劃很單純。一九二三年芝加哥將城市切割成單戶住宅用地、公寓用地、商業用地以及工業「皆可」用地。英屬哥倫比亞(很快就跟溫哥華合併)其中一個小行政區灰點只需要三個分區。美國商務部在胡佛總統任內，推出《土地使用分區管制標準授權法案》(一九二四年)，各州可以自行變通，授權當地的區劃法規。到了一九三〇年代，一半以上的美國都會人口都住在八百個實施土地使用分區的都市與城鎮裡。雖然土地使用分區這項工具剛開始出現時相當單純，但總會需要微調以因地制宜。二十一世紀的土地利用規劃，就是各種分區跟子分區的集合，又因特定區、歷史區、就業區和環境敏感區等功能而相互重疊。

土地使用分區是非常適合用來實施綜合發展計畫的好工具。綜合發展計畫為城市的未來制定目標，預測人口和經濟成長的情況、評估土地需求、將需求分配到城市不同的區域。其前置階段是一個共同形塑願景的過程，應當把各種社群和多方利益都拉進來，發展出對土地利用、住宅需求、交通需要、社區設施、經濟發展跟環境保護的共識。這個過程會產生總體目標、個別行動項目和對象、預期的土地利用模式及相關設施。此計畫既是充滿希望的願景，也是一份待辦清單，可能會包含使用分區變更的構想。

土地使用分區有很多可取之處，能為不動產市場帶來安定感，是一種落實在都市空間的規劃工具，但它還是帶有某些階級偏見。美國最具指標意義的法律案件就是《歐幾里德村訴安布勒不動產公司案》（一九二六年）。最高法院支持克里夫蘭郊區村落將安布勒不動產公司持有的一部分土地劃分為單戶或雙戶住宅用地，否決讓該公司將整塊地拿來發展商業和工業。歐幾里德村的法令是否能夠算是有效行使其警察權，還是只是村民「脾性古怪且過度敏感」？之前的裁決批准了建築高度、建造標準、建築密度的法規，現在法院又裁定對使用方式加諸限制並無不合理，即使這些法規對富人比對工人階級更有利。

歐幾里德村一案開啟了「排他性分區」的大門，有時也稱為「勢利分區制」，有錢的郊區城市喜歡的說法是「社區性格」。司法的權限可能無法直接規定土地要劃成公寓用地。它也許會要求非常大的土地來蓋單戶住宅、規定新屋的最小面積、或者加入要價不菲的設計規範，像是要有高比例的浴室和臥室。將老舊住宅區指定為歷史街區可能會產生排他效應，因為老屋翻修的方式及新的填充結構都受到限制。公寓大樓的停車規定也讓房屋單元變得更昂貴，排擠掉低收入的居民。

由於不同種族所能獲得的經濟資源並不平等，比如好的工作機會、可繼承的財富、以及不動產增值幅度，階級歧視基本上就等同於種族歧視。針對大範圍美國都會區的分析，顯示出有建照限制或屬於排他性低密度分區的地方，比較不會有拉美裔和非裔的居民。排他性分區因而補充或取代了其他種族歧視的工具。一九三〇年代晚期，美國屋主貸款公司贊助製作了所謂的「紅線地圖」，地方官員和專家將他們的城市分成四種顏色標記的區域：頂級（綠色）、可取（藍色）、衰退中（黃色）、危險（紅色！）。這份地圖的用意是要讓貸款機構釐清各區域的風險。他們不僅考慮屋況，也要多多少少把種族和族裔群體的排名考量進去。往後，「畫紅線」漸漸用來代表不同鄰里間抵押貸款和財產保險範圍的差別，有時都市計劃更推波助瀾，摧毀掉一些老舊待清理或轉為非住宅用途的社區。由於這種作法顯然就是種族主義，美國以《一九六八年公平住宅法案》明令禁止，但鄰里社區的非正式排名還是存在於不動產經紀公司之間。

住宅排他的問題，得靠「包容性分區管制」（inclusionary zoning）來解決。最簡單來說，包容性分區管制直接規定都市和城鎮把部分土地劃定為多戶住宅用地，但即便公寓供應量足夠，也無法保證人們能買得起。州法院在裁決高檔社區「月桂山」的案件時，就把紐澤西州帶往這種方向。無獨有偶，《高特羅訴芝加哥住房管理局案》（一九六九年）的裁決所發展出來的住房方案授權低收入戶分散在地區各處，的確有助於提升孩子的生涯機會。大城市的作法要求新公寓大樓的建商挪出部分比例的住宅單元，以低於行情的價格出租，不過不一定每個州都同意這麼做。這種方法只有在熱門的房地產市場才有效，開發商或以市場價格承租的租戶要願意吸收轉嫁的成本。

另一個溫和版的包容性分區管制，則是重新劃定單戶住宅區，允許興建「消失的中型住宅」，例如雙併住宅、三併住宅、連棟住宅和庭院公寓。附屬住宅單元或孝親公寓則更進一步，將地下室或車庫轉為公寓套房的居住空間。這類中等密度住宅在二十世紀初期很流行，但在二戰之後就不再受歡迎了。支持者主張這種空間可以不用蓋得很顯眼，供給增加的話，整體住宅支出就會降低；另一個好處則是可以增加住宅密度、強化社區服務。明尼亞波利斯在二〇一八年准許所有單戶住宅區蓋雙併或三併住宅；二〇一九年加州和奧勒岡州通過州法，容許單戶住宅用地出現附屬住宅單元和多元結構。

不平等動力學

包容性分區管制和住宅政策都很重要，因為貧窮人口聚集在一起（尤其少數種族和族裔的貧窮人口）的時候，會形成弱勢的惡性循環。如果把有四成以上貧窮居民的社區定義為極度貧窮社區，這些社區有很高比例是單親家庭，家長的工作或者不穩定，或者要同時應付好幾份低薪工作，幾乎沒有機會進入一般工人找到大部分工作的非正式網絡，也很少有經濟狀況寬裕穩定的一家之主作為榜樣。窮人被大規模驅逐，代表他們的孩子無法穩定上學，大人也無法建立跟維持支持性的社會關係。倘若居民每天的時間、力氣和資源都耗在生存掙扎上，也就難怪都市官僚輕易地忽略貧窮社區，卻又一邊給有錢社區裡會吵的孩子發糖。

貧窮社區有幾種發展軌跡。它們可能成為都市裡的下層區域並且無限惡化下去，有能力搬走的人，空出來的位置會被剛搬來的低收入者取代。在人口逐漸下降的城市——如歐洲和北美從前工業繁盛、如今已衰落的鏽帶城市——這類社區可能會被遺棄，因為漸漸沒有人來遞補搬走或死去居民的位置。底特律和聖路易正是鮮明的美國案例。第三種可能是撤資或者街區土地貶值，接著出現另一波再投資，一般稱為「縉紳化」(gentrification)——這個詞被創造來描述倫敦街區的改變。由於租金提高、原本一度流行的隔間套房又恢復成獨棟住宅的形式，而且新產業比舊產業願意出更高的錢租下店面，縉紳化的結果越來越多新搬來的有錢人取代了先前的居民。

造成縉紳化的投資跟再造市中心的資金，有一部分是重疊的，只不過是透過許多小的交易產生資金流通，而非來自幾個大型的投資計畫。振興後改頭換面的街區也是全球經濟的一環，成為知識工作者的聚集地，他們都在城區的辦公室裡工作。縉紳化相中的地點很可能靠近市中心的黃金地段、公園或景觀等設施福利、稍微舊一點但有趣且「可修繕」的建築物，可能就像曼哈頓蘇活區的工業風閣樓和倉庫，或者附近有個工人階級的社區，這些社區歷來總座落在城市裡「不合適」的地方，如倫敦的哈克尼、哈姆雷特塔和斯特拉特福。

這個過程會從縮減對住宅的投資開始，通常都是房東視而不見，拖延公共設施修繕，有時甚至在正式都市計劃裡就直接貶值。區位好又破盤價的不動產接著會引來喜歡時髦風格的「拓荒者」，刻板印象通常是嬉皮、藝術家和同性戀。然後漸進升級吸引年輕的家庭及個體投資人進場來修繕建築物，不動產價值隨之提升，又引來企業投資者，拆掉老房子和低層商業建築，以密度更高、更高檔的開發項目取而代之。當這一連串過程發生在靠近市中心但人口稀少的倉庫或工廠區域，可以稱為「都市再生」；當它影響到一個貧窮但運作良好的社區，那就是縉紳化和迫遷。在全球經濟裡，住宅投資也可能跨越國境疆界：香港和台灣的家庭喜歡在雪梨買房子、英國的買家不斷哄抬里斯本的房地產價格。

都市規劃者透過將地區定義為適合轉型的區域助長了縉紳化。他們也可以推動「自願式更新」計劃，試著減緩城市變化的步伐，幫助社區居民透過住宅津貼、低利貸款、街區行銷、支持地方社區開發公司進行住宅和經濟發展，來讓社區變得更好。奧勒岡州波特蘭市的巢山社區是經過「都市更新」計劃的清整後，市中心邊緣僅存的移民社區。一九六七年，規劃局形容這塊剩下來的零星土地「適合拆除式的都市更新，僅有少數建物值得保存或改善」。才不過十年後，同一機構又稱此地為城市裡「最精緻的維多利亞式住宅之一」，這一轉念讓此處時髦嬉皮的氛圍又能多保住一個世代。街區保存行動對特定種族形成的社區尤其重要，因為可能有重要的機構單位存在於街區裡，如教堂、聯誼俱樂部、週報，以及促進群體認同的公民組織。

在北美，縉紳化和迫遷造成的後果，對長久以來「距離市中心越遠，住宅價值和社會地位越高」的階級梯度形成挑戰——也就是芝加哥大學的社會學家在一九一〇和一九二〇年代提出的經典的同心圓模型。在白領階級經濟實力強大的繁榮城市，受過良好教育和富有的家庭正在改造內部街區——其實就是縉紳化，把少數種族和工人階級推到舊時的郊區邊緣。郊區的貧窮率比市中心飆升得更快，也比整體郊區人口成長的速度還要快。現在美國郊區的窮人比中心城市還多。

由於郊區住宅的價格比較可親，有機會搬進去，北美的移民數量於是大幅上升。傳統的族裔社區漸漸減少，像多倫多東邊的斯卡布羅等地方成為族裔生活的聚集中心。許多郊區學校的族裔和種族多樣性比市中心的學校來得更高。年代較久的郊區為移民企業家提供了負擔得起的空間，自然而然地重振起歷經風霜的商業區，亞洲超市成了北美城市景觀的共同特色。拉丁美洲的移民也不遑多讓，為美國的歷史街區帶來新生命。他們重新利用傳統的商業區，把前院和人行道轉變成社交場地，沒有發生理論所預期的爭議和麻煩，就達到了新都市主義的目標。

不過，就在專業規劃發展出不分國界的共同標準與期待的同時，移民群也造成都市生活文化價值面的衝突。像公園、街道這類公共空間在使用上的文化差異，以及住宅選擇可能違反地方風俗，就是規劃要面對的課題。一九九〇年代溫哥華市民群起反對「怪獸屋」（中國移民在豪宅社區裡，準備傳給子孫的巨大房屋）[24]，正是一個惡名昭彰且發生在非郊區的案例。儘管有些英裔加拿大居民為此驚惶失措，這些怪獸大房子還是為寧靜且

---

24 編按：華人喜歡將建蔽率最大化，往往清除院子草皮樹木的空間，讓建物蓋到最大最滿。

綠樹成蔭的街道增添了一點種族和建築上的多樣性。

不同的聲音

一九六七年，「美國規劃師協會」（AIP，是「美國規劃協會」APA的前身）的會員熱切爭論規劃的定義。一九三八年起，協會的章程定義該領域為「藉由土地利用方式、使用權及法規的通盤安排，規劃都市社群及其周圍空間的整體發展，以及各州、各地區和國家的環境」。經過激辯之後，如今AIP把前面那句話拿掉，並在定義中加上社會與經濟規劃。

社會大眾和實務工作者往往把設計專業視為頭等重要，設計方法是二十世紀頭十年都市規劃教育的主流，建築師柯比意和法蘭克・洛伊・萊特就主導了城市未來想像的公共討論。一九五〇年代，剛開始處理大量資料的交通規劃者再度串起工程和規劃的關係，重拾上個世紀交通規劃在該領域剛起步時的重要性。然而，於此同時，規劃者又轉向社會科學和都市研究取經，關鍵文件是一九五七年哈維・佩洛夫（Harvey Perloff）的著作《都市規劃教育》。佩洛夫後來成為芝加哥大學規劃學程的主任，該學程是都市社會系統性研究的重鎮。他要求發展一套課程，強調城市作為運作系統集合的系統性知識，這些系統會形塑社會及科技趨勢，也被這些趨勢形塑。他相信規劃者必須了解社會經濟變動的基本原理、發展出假設，並透過研究來測試這些想法。簡言之，規劃教育的目的先是要訓練應用社會學家，其次才是訓練設計師。

一九六〇和一九七〇年代政治態勢變動，重心逐漸移到市民和社區如何參與規劃決策。詹森總統「向貧窮宣戰」政策底下的「社區行動方案」（一九六五年）和「模範都市方案」（一九六七年），要求鄰里規劃決策必須納入公民諮詢跟參與的過程。一九七四年啟動的「社區發展綜合補助金計畫」擴大參與的授權範圍。結果就是社區行動者、專業規劃者和被指派去研擬社區計劃的顧問，三者的關係不斷角力，有時激發創意的火花，有時又把彼此搞得動彈不得。美國住房及城市發展部的政策專家雪莉·安斯坦（Sherry Arnstein），在一九六九年形容有一個「公民參與階梯」，能夠分得出「形式上的公民諮詢」以及「公民參與決策產生的實質影響」之間常見的差別，該階梯將參與方式依序排列：從操控、治療，經過諮詢、協力合作、授權，到公民控制。

當AIP調整其使命宣言時，規劃專業就已經吸收了活躍的規劃者保羅．戴維多夫（Paul Davidoff）深具影響力的「辯護式規劃」論點。戴維多夫發現美國規劃界最初是受到地方的民間領導者支持，以及懷抱著商業企圖，希望促進都會地區有效率地成長，才開始出現並發展起來的。他也注意到，人們接觸專業知識技術和資訊的機會不平等，會造成權力的不平等。他大力提倡規劃者應該要親自投入爭取公民權和經濟權，運用他們的專業來為社會弱勢發聲。他們應該捍衛進步的價值觀，為委託人爭取改善社區的機會。

「公平式規劃」是戴維多夫的理念所延伸出來的重要觀念之一。這個詞彙特別被用在一九七〇年代的克里夫蘭市，一群以諾曼．克魯姆霍茲（Norman Krumholz）為首的都市規劃團隊，嘗試要把城市裡最貧窮的街區和市民需求放進公共議程裡。這麼做必須得到市政廳的支持（舉例來說，要能得到克里夫蘭市的前後任市長卡爾・斯托克斯與丹尼斯・庫辛尼奇的首肯），規劃者還要有足夠的政治敏感度，能發展整個城市所接受的促進公平的計劃方案。公平式規劃跟社區運動人士結盟，想辦法說動各方商業利益和中產階級，讓他們接受幫助窮人就是幫助整個城市，可以說是一種務實且有政治頭腦的作為。芝加哥市長哈羅德・華盛頓把克里夫蘭這一套用在芝加哥，芝加哥一九八四年的經濟發展計劃很明確要將經濟成長的利益更均等地分配給各族群和鄰里。這套規劃方法背後的理念來自法國社會學家列斐伏爾，他提出「接近城市的權利」，意思是每個市民都應該能在必要時，藉由「培力式規劃」、政治參與和基進運動，從他們的城市社區受益，也獲得生活的樂趣。

在這些實踐當中，規劃者面臨一種衝突關係，一方是現行制度及權力結構，另一方則是新浮現的、可能對制度提出質疑挑戰的社會與政治運動。偏重後者的路線是培力式規劃，強調草根行動的重要性。在這個模型裡，社區的聲音最要緊，規劃者扮演推手的角色，和社區居民緊密合作，協助社區定義自身課題和解決方法；居民所掌握、述說的在地知識和專家技術互相輔相成。

雖然計劃和規劃案是很重要的目標，但執行過程以及參與者在期間所養成的能力也同樣重要。培力式規劃因此回應了一九六〇年代「社區行動方案」和「模範都市」的概念架構，並透過草根運動發展體現出來。

社區組織手法幫助納入女性的聲音及女性重視的課題，從前規劃領域和實踐者幾乎一面倒都是白人男性。女性在二十世紀初期定義都市問題時扮演相當關鍵的角色，就如研究者及運動者和芝加哥的霍爾館[25]所建立的關係。不過，一九二〇和一九三〇年代，男性從業者越來越偏向從實體設計和法規的角度來定義規劃。早期女性改革者的社會關懷或者從規劃領域切割出來，轉投入新興的社會工作領域，或者就在住宅改革的小圈圈裡獨立打拼，像是美國的凱瑟琳・鮑爾・沃斯特（Catherine Bauer Wurster）和伊迪絲・埃爾默・伍德（Edith

25 譯註：霍爾館（Hull House）是位於芝加哥的社會福利之家，是美國頗負盛名的睦鄰組織，由美國社會改革者及運動家珍・亞當斯（Jane Addams，1860-1935）與愛倫・蓋茲・史達（Ellen Gates Starr，1859-1940）創立，主要針對移民和難民，提供相關的社會、教育服務，協助他們融入社會生活。

Elmer Wood），她倆以作家、組織者、顧問的身分倡議設立公共住宅，對聯邦住房政策有深遠的影響。沒人知道為什麼世紀中期規劃專業出現如此的性別分工，也沒人對此感到驚訝，像英國的城市規劃師潔奎琳．泰瑞特（Jaqueline Tyrwhitt）這類關心都市設計的女性，總是活在其他男性的成就陰影下。同時，傑出的計劃方案要能夠執行，在規劃、設計、不動產業扮演中階角色的女性從業者可說非常關鍵，但真正占盡媒體版面卻是那些男人。

為鄰里事務奔走或投入公民參與的女性，有自己獨特的方式和節奏。她們沒時間參加市府裡官僚的規劃委員會，但她們會在規劃師（通常是剛進公司的新人）鼓起勇氣來到學校體育館、教堂地下室和社區活動中心的時候，出動大批人馬，準備對治各種日常生活的問題——友善汽車卻不友善孩童的街道、破破爛爛又不安全的公園、糟糕的學校。她們經常集結起來對抗當權者，批評種族主義或階級歧視。這些女性所做的事情，跟學校裡教的規劃很不一樣，但像聖安東尼奧市的碧翠絲．加勒戈斯（Beatrice Gallegos）領導的「公共服務社區聯盟」，或洛伊絲．吉布斯（Lois Gibbs）促成尼加拉瀑布城愛河地區的化學廢棄物清理工作，都強有力地重塑了都市景觀。

規劃專業本身也有些轉變。一九八〇和一九九〇年代的研究者和學生注意到，土地利用規劃和設計往往忽略掉女性在意的事情：她們曾經呼籲設計師為女性蓋更安全的公園、公車站和其他公共空間，修改把「家庭」定義得非常狹隘的土地利用法規，爭取更多的公共運輸選項，也曾質疑土地規劃。她們讓這些規劃師發現，要是把通勤、購物、接送小孩都考慮進來的話，女人比男人花費更多心力在日常交通上，催生多元利用的發展方式和二十分鐘的鄰里生活圈，讓必要的服務散布在城市各處。這些都是不同階級的女人共同關心的議題。

澳洲與加拿大規劃理論家和電影製作人萊奧妮・桑德科克（Leonie Sandercock）推薦以培力式規劃為工具，來打造包容性城市。她認為通盤由上而下、且由專家主導的規劃忽略了太多日常經驗。任何一個剛從研究所畢業開始工作的規劃新鮮人，從市府被派來跟低收入或弱勢社區一起工作之後，很快就發現市民都還把幾十年前失敗的各種方案記得牢牢的。這些居民藉由訴說社區如何成長、改變、如何被公權力幫忙或摧毀的過程，來認識自己的社區。「變革性規劃」就要求參與者尊重不同的認知框架以及各種表達方式，包括生氣或傷害都是表達的形式。

桑德科克慎重地以不易懂的隱喻「混雜的城市」來建立她的論點，意味城市具有豐富多元的文化，而且彼此互相交流、影響。在二十一世紀的城市裡，「差異、他者、碎片化、分裂、多樣性、異質性和多重性終將占據上風。」其挑戰在於要意識到「和與自己不同的他人比肩共存的可能性，從他們身上學習，並一起創造新世界，而不是懼怕他們。」即使思考的脈絡非常不同，桑德科克的論點還是可以和約翰・彌爾在一八四八年所寫下的這段話相互呼應：「現今人類進步的程度還很低，在這種情況下，讓人類去和不同的人互動，接觸自己不熟悉的思維和作法，絕對大有裨益。這種交流一向是進步的動力之一。」

第五章

大都市與都會生活圈

丹尼爾·伯納姆在一九〇九年提出的「芝加哥規劃」有很多吸睛圖像，描繪可能出現的都市地景。藝術家朱爾斯·蓋倫（Jules Guerin）所繪製的公眾神殿和華美的公共廣場像個珠寶盒，未來的芝加哥被比作想像中的拜占庭帝國。「芝加哥規劃」有時候會被當作「城市美化」的代表作，這些圖像正是原因之一。不過，最令人驚豔的還是此規劃之於該區域範圍的可行性和預知程度。

「芝加哥規劃」的重點放在大芝加哥地區的交通運輸，以及如何有效達成專用的土地使用分區，企圖將不動產市場和民間開發商的力量，集中在優化的鐵路和新高速公路等地區基礎設施構成的範圍之內。此規劃將市區和周邊鄰里相互結合，從市中心到郊區及六十英里內的周邊環境都含括在內，也把十九世紀芝加哥振奮人心的願景轉換成具體構想，形塑出豐富並且實用的都市景觀。這個計畫的經濟面考慮周到，空間也協調，其所擘畫的芝加哥城市，各種活動都各自位於最有利的地點。「芝加哥規劃」留下的影響後來擴展到北伊利諾州。跟伯納姆一起工作的愛德華・班奈特（Edward Bennett）曾經在一九一〇年代為底特律、明尼亞波利斯、波特蘭、渥太華起草過區域計畫，這些計畫的課題涵蓋很全面，技術進步，區域覆蓋範圍也很廣大。

班奈特在一九一五年為渥太華制定的計畫很具代表性，處理到鐵路、交通、街道和區域公園。這份計畫報告一樣也有美到令人轉移注意力的水彩表現圖，但報告書所提到的綜合發展計畫包含的內容環節，就跟美國規劃師約翰・諾倫（John Nolen）在《都市規劃》（一九一六年）和英國專家托馬斯・亞當斯（Thomas Adams）在《城鄉規劃綱要》（一九三五年）所建議的很像。班奈特認為根本問題是要處理經濟成長：「成長、擴張，是這個研究裡影響最重大的因素。哪裡有成長，哪裡就有強大的力量，只需要被引導，以產出好的結果，整合或者連結到都市計劃的不同部分……商業和經濟必定是本研究的基礎。」

綜合發展計劃出現的時候，美國人正在仔細思考水平成長和大型都會區興起可能產生的影響。紐約在一八九八年把五個郡整合成一個超級城市，芝加哥最近透過

圖6｜愛德華・班奈特在1915年為加拿大首都圈的渥太華和赫爾區（Hull）所做的規劃，圖裡呈現出渥太華市有一個紀念性中心的想像。像華盛頓和芝加哥的「城市美化計劃」，皆以精心繪製的地圖和充滿啟發的透視圖為特色，效法對象是歐洲剛重建的首都。

土地合併，區域面積增加了三倍。柏林也在一九二〇年用同樣的方法成為第三大工業都市。歷史上同樣的時間點，美國普查局正在研究如何計算新擴張的都市地區，並在一九一〇年創造出「都會區」這個名詞。芝加哥當然是第二名，都會區的居民有兩百四十五萬六千人，雖然落後紐約，但輕鬆樂勝費城。

都會區域規劃面臨的挑戰，跟伯納姆和班奈特百年前所要面對的一模一樣——必須找方法「控制」或疏導快速成長的人口和擴張的經濟活動，而且要能增加效率，並維持都會區的完整性和機能。一九〇九年，快速成長的工業城市如柏林、米蘭、匹茲堡為我們示範了都市成長的規模和節奏。更近期一點，新經濟城市如班加羅爾、深圳和西雅圖，都是都市變遷的前線陣地。

大都會區面對的挑戰是要發展出成長計畫，以類似的地理尺度重新制定「芝加哥規劃」的基本目標。普吉特海灣地區委員會已經為多中心的塔科馬－西雅圖－艾弗雷特地區編排了連續數年的「願景二〇二〇」、「願景二〇四〇」、「願景二〇五〇」等計畫。大雪梨委員會期盼發展出「三城之都」，從海邊一路延伸到藍山山脈。

這些計畫以伯納姆／班奈特的尺度來定義各自的都會區，強調市中心和郊區要能夠透過節點和幹道相互整合、設法在區域裡安插開放空間，並意識到必須分配空間來從事經濟生產。

區域規劃的架構

從事區域規劃，要應付的除了政府業務的複雜度之外，還有面積持續增加的問題。幾乎每個市區的中心，都是由有界線的政府單位所組成的城市或市政當局，加上一個容易辨識的名字：像是札幌、溫尼伯、漢堡。核心市區可能小如阿德雷德（兩萬人），也可能大如巴黎（兩百萬人）。核心城市周圍是其他自治市——如洛杉磯或芝加哥，達數十甚至上百個——從已開發的都市地區向外擴散。國家統計機構常賦予這種功能性區域的名稱，如「市區（urban area）」（美國）、「建成區（built-up area）」（英國）、「都市區（unité urbaine）」（法國）。還有情況更複雜的，好幾個國家（印度、阿根廷、巴西、法國、加拿大和美國）都劃出更大的都會區範圍，含括市區加上其他開發強度沒有那麼高、但交通和其他經濟關係跟市中心緊密互動的地區。當地居民知道細的分區，但外人不會知道，所以某人可能會在跟另一個來自紐西蘭奧克蘭地區的當地人聊天時說出「我來自豪威克（位於奧克蘭市的東郊）」，但跟在洛杉磯機場或新加坡樟宜機場的候機室跟一個人隨便聊起來的時候，卻說「我來自奧克蘭」。

市區和都會區是一種描述性的術語，讓人便於理解大城市及其周邊複雜而且不斷變動的地理關係。都會區的資料很受經濟規劃者和職業運動隊伍老闆的青睞，因為這種大城市基本上每天或每週都可以作為市場——既是勞動市場，也是消費市場。經濟發展的圈子多半相信大就是好，像達拉斯大都會區或英國的大布里斯托這種不精確的詞彙有很多。二〇一七年，亞馬遜公司要成立第二總部，向各美國城市徵求提案，第一個條件就是要「人口超過一百萬以上的大都會區」。

回應亞馬遜的經濟發展部門和私人企業，多半可以無視大都會區受多個政府轄管所必然產生的矛盾；但務實的規劃者不行，因為規劃必須在政府實體的範圍之內、由該實體的權力來執行。一直以來，政治和行政邊界顯然很難跟上都市成長的動能。政治單位發展出既得利益、選區、官僚體制，任何會越界的作法，或如果牽扯到都會區內跨區的成本與效益分配，通常都會受到很多阻力。窮人總是得有地方住，但大部分市政當局都寧願有更多高檔住宅，最好避開公共或社會住宅。因此，像一九七〇年代俄亥俄州的代頓地區要以「公平份額」分配可負擔住宅的實驗，通常鮮有成效。同樣地，幾乎所有都會區的居民都想要新穎又交通便捷的機場，但大多數人都希望機場跟自家的距離只要足夠飛機起飛就好，而且土地還要是別的社區來出。

處理地區問題，最簡單的作法就是設立執掌單一事務的機構，負責規劃跟提供具體的服務，如公共運輸、空氣汙染防制、機場與海事運輸碼頭、供水系統。該機構可能由會同的地方政府共同成立，或者由如澳洲政府這種更高層單位所設置。於是常見到各種服務受層層單位安排控管——如區域公園委員會跟城市或鄉鎮各自的公園育樂部門合作，分頭控管特定的土地區塊。街道和道路在美國城市尤其複雜。區域規劃師藉由政府之間的磋商協調及技術分析，來決定地區優先順序；州公路局負責維護高速公路、制定擴建計畫；地方市政當局照顧當地街道，平衡汽車用戶跟腳踏車騎士的期待（移除汽車車道改作腳踏車道？）以及運輸機構的期望（要在有公共路權的街道蓋巴士專用道嗎？）；運輸機構獨立規劃的鐵道路線，也得跟街道爭空間。

下一步就是正式的兩級制行政系統，大都會尺度的政府總有多重力量在運作著。以北美來說，多倫多就很值得效法。一九五四年安大略省設立「大多倫多市政府」，作為第二級含括市中心和周邊社區的治理單位，負責主要的地區事務如大眾運輸、主幹道、供水與下水道設施、區域公園。這個單位一直運作到一九九八年，後來安大略省在當地居民的抗議下，組成為一個「多倫多市」，涵蓋同樣的業務範圍。再西邊兩千公里，曼尼托巴省的省政府在一九六〇年成立「大溫尼伯大都會公司」與相關委員會，作為政府處理地區事務的第二級治理單位，而市中心和郊區則負責應對當地關注的事項。十二年後，左派的新民主黨籌組成單一的「聯合市政府」，郊區也能以選票來影響政府，確保能有一致的服務和稅率。

二〇一〇年紐西蘭成立了獨立單位「奧克蘭理事會」，整合數個之前個別存在的市政府，成為一個超級城市，部分職責則移交給二十一個地方委員會。奧勒岡州波特蘭市的都會區域政府（Metro）是美國唯一民選的地方政府，並刻意制定議會分區，以超越市縣行政界線的限制，負責監督地區規劃、垃圾處理、區域公園，以及重要的文化場館，經過四十年以後，已經完全成為政治架構的一部分。

雖然有零星幾個成功案例，但或許因為沒有足夠權力和政治支持，區域政府和機構通常都體質不良，撐不太久，就像布宜諾斯艾利斯都會區委員會的命運一樣。它們可能是由中央政府強迫地方所設置的，而地方卻覺得還是自己想辦法協商就好了。舉例來說，「大巴黎都會區」成立於二〇一六年，原本是一個交通運輸規劃單位，涵蓋巴黎七百萬人口的範圍及三個鄰近的省（départements）。比較進步或左派的中心城市，其領導者或居民有時會認為跨域機構居心叵測，企圖要削弱他們的政治影響力、增加保守郊區的影響力道。巴黎就是這麼想的，多倫多也面臨同樣的狀況，倫敦則早有經驗，柴契爾夫人的保守黨政府基於政治和意識形態理由廢除了「大倫敦議會」（一九六五至一九八六年），前首相布萊爾的工黨政府又重新在二〇〇〇年設立了角色類似的「大倫敦政府」。

都市發展控制與成長管理

埃比尼澤・霍華德的影響力不只表現在戰後流行的新市鎮，控制都市發展向外擴張的策略也有他的一份功勞。英國很早就開始採取全面性的策略，一九三八年通過《綠帶法案》，劃定倫敦周圍很大一圈非都市土地為鄉村地區，得免於密集開發。一九四四年「大倫敦計畫」更進一步制定倫敦綠帶的規範，其中有一百二十萬英畝的土地大體上仍屬鄉村。其他的綠帶成功地限制了另外十八個英國城市的擴張，讓城鎮與城鎮之間仍保有開放空間。綠帶漸漸成為環境和規劃的目標，位於綠帶「外部」的社區可以把這些綠帶看作重要的工具，讓社區可以繼續扮演迷人的中產階級遠郊地區和飛地。

一九七三年，加拿大英屬哥倫比亞省設立農業用地保護區，將最肥沃的良田集中在菲沙河谷。田地在這個多山的省分裡顯然是有限資源，不該發生郊區化這種事。夏威夷在美國各州中率先透過一九六六年的法令，將該州劃分為都市區、鄉村區、農業區和保護區（有點類似英屬哥倫比亞省的作法），以保護鳳梨業和糖業。奧勒岡州的作風最強硬，一九七三年全州都採用同一套土地規劃系統，對抗州長麥卡爾藉由「山艾樹棲地蓋住宅群、沿海蓋公寓樓房、郊區大舉入侵威拉梅特山谷」來「放任掠奪土地」的現象。一個關鍵工具是在每個城市和都會區外圍建立「都市成長邊界」（Urban Growth Boundary，簡稱UGB），以保護良田和森林用地，確保都會區能夠集中發展。UGB以外的開發必須和農業生產和森林使用有關，或者符合嚴格的需求標準。只不過，UGB只能算是一片「外殼」，而不是一道「牆」，隨著城市成長陸續侵吞掉邊界內的閒置土地，UGB還是會逐漸向外擴張。

奧斯陸是另一個有成長邊界的都市，座落於深長的奧斯陸峽灣的頂部，有個口號叫「藍與綠之間的城市」。

市界內三分之二的區域是森林（marka），那裡的湖泊和步道主要屬於休閒娛樂功能。森林邊緣距離市中心只有十五分鐘，超過森林邊界（markagrensa）的範圍不得開發。挪威人非常重視戶外活動，發展邊界獲得高度政治支持。

荷蘭則維持著相反的成長邊界。主要大城阿姆斯特丹、烏特勒支、鹿特丹、海牙和其他較小的中繼城市，共同形成一個略呈環形的多中心城市群蘭斯台德，又稱「環狀城市帶」。環形中間的農地稱為「綠心」，「綠心／環狀城市帶」的概念從一九五〇年代後對荷蘭空間規劃很重要。土地使用規定保護「綠心」之內的農耕和休閒空間，避免郊區入侵和可怕的「洛杉磯症候群」[26]。新開發於是改朝向環圈內的中繼城市發展，根據國家政策聲

26 譯註：「洛杉磯症候群」（Los Angeles syndrome）指過度開發和基礎設施過度擴張。洛杉磯幅員廣大，來往交通仰賴高速公路網絡串連，塞車和空氣汙染問題非常嚴重。然而興建更多的高速公路，不僅無法紓解交通堵塞，反而吸引更多人持有汽車或開車上路，形成惡性循環。開車越是方便，乘坐公共交通工具的意願自然降低，因此即便洛杉磯捷運局投入大筆花費，擴建公共交通系統，搭乘率仍然逐年下滑。

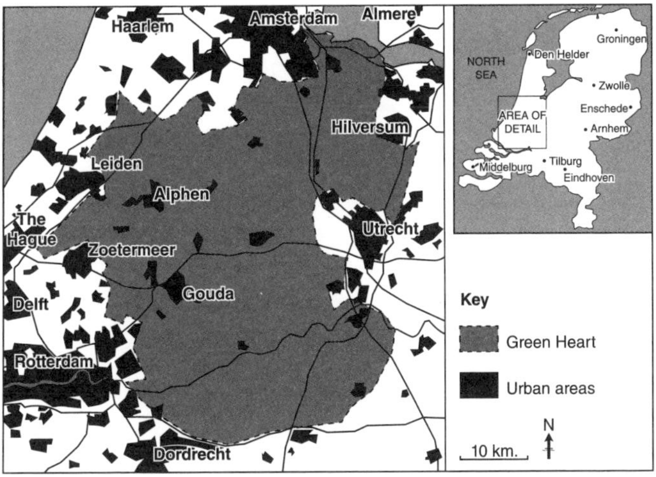

圖7｜荷蘭的綠心是成功的區域規劃案例之一。這塊綠帶區的方向跟過往相反，能有效地在幾個荷蘭大城市形成的環狀空間裡，保留住開放空間和耕地。

明所言：「不超出環圈，也不向內進入綠心，而是更加強化環圈內的都市地區」。

歐洲和北美的都市發展控制和農地保護措施，都是在二十世紀中期的進步與管制性政策趨勢之下制定的。政策轉向市場方案和自由市場思想招致不少批評，尤其有聲音認為成長界線造成住房負擔成本增加。市場擁護者為自己辯駁，說限制土地供給使得新建案的成本增加，但也同時抬高現有住宅的價格。反對意見則主張——至少在北美——新住宅不應該要求大片的郊區土地，只要靠小地塊上的單戶獨棟住宅，還有開放土地分區，准許蓋雙併或三併住宅等「消失的中型住宅」、連棟住宅、單層或雙層的庭院公寓，增加鄰里密度和社會互動，就能滿足住房需求。

綠帶公園是彰顯中央政府如何管理敏感地帶的特殊案例，這些敏感地帶是都會的土地利用已經滲入鄉郊。美國的國家公園和其他國家大片的未開發土地常被用來保存、保護壯麗獨特的自然環境——美國的優勝美地國家公園、紐西蘭的峽灣國家公園、巴西的伊塔蒂亞亞國家公園皆然。新開發僅限旅遊設施，且保護區內的私人土地有可能被買下。另一種保護「生產地景」內自然系統和設施的方法，在英國和歐洲行之有年：中央政府可能會設定哪些區域具有風景和文化價值，為其制定特殊的土地管理規則，以長期維持其特質。在「綠帶」裡，特殊的控制手段既能夠保存自然資源和歷史景觀，也容許居民繼續靠土地相關的產業維生。英國的國家公園比起「公共保護區」，在景觀方面更是受到高度規範。美國採行這種作法的案例，包括紐約的阿迪朗達克州立公園、紐澤西的松林地國家自然保護區，和華盛頓和奧勒岡的哥倫比亞河谷國家風景區。

大都市圈和超區域型發展規劃

城市不僅跟毗鄰土地互動以發展出一個個城市區域，還建構起更大的空間模式，彼此有許多共同點，又互相串連——有點像個別的太陽系共同組成星系，星系又組成更大的星團。的確，地球的夜間衛星照片顯示，有些地景被寬厚帶狀的城市燈光壟罩，有些地方則只有個別的亮點，難免令人聯想到銀河，好似點點孤星散綴在發光的星雲之間。

一種探究這些更大空間模式的方法，就是去研究這些城市區域，看之前個別存在的城市如何彼此整合，擴增成更大的都市。蘇格蘭博學大師派屈克．葛德斯爵士（Patrick Geddes）在一九一五年提出「組合城市」這個名詞，形容一個區域裡獨立的大城市彼此結合，如同德國的「萊因－魯爾城市群」、荷蘭的蘭斯台德。在美國，組合城市的概念以「聯合統計區」的形式出現，將鄰近的大都會區合併起來作普查統計，如「波士頓－普羅維登斯－伍斯特－華盛頓－巴爾的摩都會區」。

有些國家如德國和美國，其城市系統較為平衡，有數個重要的大都會中心彼此競爭，例如以德國來說，就有漢堡、慕尼黑、法蘭克福、柏林、斯圖加特、杜塞道夫和科隆。其他國家則是單一強勢的城市，面積比其他國內城市更大、經濟實力更強，因此該國的發展與投資政策時常試圖要發展出「成長極」作為平衡的力量。一九五〇和一九六〇年代，法國的規劃師和政策制定者嘗試要說服市民，說巴黎吸光了法國其他地方的精力，而波爾多和里昂是完美可行的替代方案。有一本重要的書叫作《巴黎和法國荒漠》。委內瑞拉的圭亞那城打算抗衡首都卡拉卡斯的影響力。奈及利亞、印尼、巴基斯坦的新首都，不是拉哥斯、雅加達和喀拉蚩等強勢城市，也是另一種替代選擇。中國成立的「經濟特區」是另一種變形，深圳是其中第一個也是最大的亮點，四十年間從一些村莊小鎮長成兩千萬人的巨型城市。

把三到四個組合城市接在一起，就是「巨型都會」（megalopolis）。法國地理學家簡・戈特曼（Jean Gottmann）在一九六一年提出這個詞彙，當時他發現整個波士頓－華盛頓城市帶是一個互相關聯的都市複合體，個別城市保有自己的特色，卻也同時串連組成長達四百英里的更大區域。戈特曼認為這幾個城市和其郊區之間仍有大量農田和開放空間，但他也指出，道路、鐵路和電話強化了彼此的互動，讓城市互相連結，形成顯著的超級都會體。希臘規劃師康斯坦丁諾斯・多西亞迪斯（Constantinos Doxiadis）把同樣的思維用在底特律和五大湖區（當時他正提出遍及全球的「環球都會」〔把世界看作是一個延伸的廣大城市〕這個概念）。記者和學者很快就抓到巨型都會的問題點。美國普查局以郡界來界定大都會區，這種規則讓人很容易仔細打量地圖，發現兩、三個明顯的都會區向外延伸，彼此包圍。尤其一九六〇和一九七〇年代的美國，人們甚至像玩猜謎遊戲似的，想要找出能跟「波士頓－華盛頓城市帶」匹敵的對手名稱，像是五大湖區的「芝加哥－匹茲堡城市帶」和加州的「舊金山－聖地牙哥城市帶」。

戈特曼的概念連同術語很容易就在其他脈絡裡出現。日本從東京到大阪的「太平洋工業地帶」和周邊地區有時會被稱為「megaroporisu」[27]（巨型都會）。規劃者在歐盟國家裡尋求跨國經濟策略的客觀基礎時，仔細研究過都會區如何串連成比巨型都會更大的空間單元，甚至還有可愛的名字：從曼徹斯特穿過歐洲經濟體歷史悠久的心臟地帶，弧狀彎曲向米蘭的「藍色香蕉」；還有從瓦倫西亞沿著地中海海岸到熱那亞的「金色香蕉」。在亞洲，一個常見的詞彙叫「巨型都市區域」。

這種宏偉的空間思維所面對的挑戰，是要在全球互聯互通的時代，找到一種符合現實的尺度促進經濟的活絡。多城市中心的區域可以包含眾人公認的組合城市（如英格蘭中部地區）、快速都市化的區域（如中國的珠江三角洲），還有兩國形成的地區（如哥本哈根－馬爾默）。對比之下，想像中的「哥本哈根－斯德哥爾摩－赫爾辛基－聖彼得堡城市帶」，聽起來不怎麼像個機能區域，反而更像是遊艇觀光的路線。

27 譯註：應為英文的megalopolis，日文片假名為メガロポリス。

回過頭來，這套不斷演變的空間思維又重新進入了二十一世紀的美國，稱為「大都市圈」(megaregions)。根據其支持者所言，大都市圈是由多個都會區所串起的大型網絡，在經濟、文化上有相當的共同性，足以作為政策制定的有效單元。大都市圈也可以說是全球經濟的組成元素，比起以州為單位，來得更自然、更有動力（見參考資料的大都市圈地圖連結）。位於紐約的區域規劃協會和智庫單位林肯土地政策中心也持續推廣、延伸這個概念，新詮釋不斷出現在規劃雜誌、論文集和各式各樣的網路文件上。當前北美的大都市圈，有些具有強烈的歷史和當代特色，例如久負盛名的波士頓－華盛頓城市帶；五大湖工業區包含安大略省的加拿大工業中心；南加州也免不了要把提華納和北下加州算進去[28]。

中國一直以來推動都市發展的規模都非常巨大。珠江三角洲人口有六千萬，由九個大陸的城市加上香港和

---

28 譯註：提華納（Tijuana）是墨西哥下加利福尼亞州最大城市，與美國加利福尼亞州的聖地牙哥組成了橫跨兩國擁有數百萬人口的都會區。北下加州（Baja California）是墨西哥最北邊的州，北面與美國加州接壤。

澳門，或許可算是世界最大的巨型城市，它同時也顯現了這麼大尺度規劃的挑戰。中國政府的「粵港澳大灣區整合計畫」是一個龐大的交通投資計畫，牽涉到高速公路、鐵路，還有一座造價一百三十億、連接香港、珠海和澳門的橋，目標是要幫助該地區從低價值的輸出型製造業轉型為創新高科技的製造業，同時還能讓個別城市保有各自的競爭力。

這種尺度的規劃混雜了三分真實，七分想像。中國東南部一心追求經濟發展，心力多放在大規模的交通投資，希望不同的城市和分區可以整合得更好。儘管如此，都市規劃絕對還是地方和區域的事，而不是超區域型的行動。描繪願景的人可以憧憬環球都會，但都市規劃作為一種專業，也不過才一世紀而已。執業中的規劃師依然繼續關注社區宜居程度和土地利用變遷，繼續從地方及區域政府獲得授權，繼續透過他們的工作改變你我的日常生活，在公眾心目中建立正當性。

第六章

城市裡的自然

郊狼在美洲原住民的故事裡經常以騙子的形象出現，偶爾會幫助人類。卡通威利狼大戰嗶嗶鳥[29]讓這個西南沙漠裡的生物給美國一代人留下難以磨滅的印象。卡通《樂一通》裡的郊狼，以及阿里卡拉族或納瓦荷族傳說裡的郊狼，無疑都出身鄉村，但二十一世紀的郊狼會的可不只有在平頂山上嚎叫。牠們出沒在中央公園和哥倫比亞大學校園，數千隻住在芝加哥和郊區，還有數以千計漫遊在洛杉磯進入周邊山脈的山丘和峽谷。溪

29 譯註：華納兄弟喜劇卡通系列《樂一通》(*Looney Tunes*) 裡的一對角色搭檔。威利狼原型為郊狼，嗶嗶鳥則為走鵑。故事背景在美國西南方一帶的沙漠，威利狼喜歡用各種陷阱和炸藥來捕捉跑得飛快的嗶嗶鳥，卻總因為荒謬無厘頭的突發狀況，演變成鬧劇一場。

床、鐵道、公園、高爾夫球場、校園、空地，成了郊狼和其他哺乳動物出入都市的通道和生存空間——熱那亞有野豬、美國東北部鹿滿為患，郊狼偶爾會在我家前面的大街上閒逛，距離奧勒岡州的波特蘭市中心只有三英里。

郊狼和其他都市裡的動物提醒我們，城市也是自然環境。或許裡頭充斥著磚塊、木頭、鋼樑、水泥等構建成的大型人造物，以服務人類的需求，但這些人造物其實是存在於自然環境裡，同為自然系統的一部分，為鳴禽、老鼠、蜜蜂、行道樹和雜草提供生存的條件。我們在都市肌理之中加入開放空間、管理它的新陳代謝、嘗試減少能源消耗和溫室氣體排放。都市規劃的一個主要目標，是在人造環境中保護和重新引入自然景觀和生態系統，無論是透過傳統的作法如興建公園，或者是處理雨水和潔淨空氣的創新科技。城市裡自然和人造部分之間的關係如何有效管理，對於城市的存續很重要，也直接關係到居民的健康。

公園和開放空間

後灣區是一個經典優雅的波士頓社區，十九世紀晚期建於填起來的濕地上，查爾斯河在這裡匯入波士頓港。壯觀的聯排式住宅沿著寬大的巴黎式街道兩旁分布，從波士頓公共花園一路往西。後灣區的西端有個曲折蜿蜒的公園和水道，稱為「後灣沼澤」，是由景觀建築師弗雷德里克·奧姆斯德運用同一塊濕地未填平的部分所闢建，現在是波士頓的綠寶石項鍊公園帶的一部分。這兩種地景的對比，概括描述了都市規劃的基本選擇——普遍的作法是把自然景觀處理為建築基地，另一種方法則是保留開放空間，作為城市人造結構裡的公園和自然區域。

奧姆斯德是都市規劃的奠基者。歐洲城市以前的公園主要都是為了菁英階級而建的，注重形式設計，如巴黎的盧森堡公園，有時則是皇家轄區內的土地。奧姆斯德為這兩種情況都提出設計替代方案，強調自然植被與形式，重視公園的概念。完善的公園能讓城市空間煥然一新，而且常常被形容成「都市之肺」，因為樹和綠地對空氣汙染有過濾效果。另外，公園還具有休閒娛樂的社會功能，能夠服務上層階級和勞動大眾。奧姆斯德也認為大型公園是透氣紓壓和心靈淨化的好地方，因此計劃要設置公園，為城市增添幾分自然感。

奧姆斯德的開創代表作是紐約中央公園。他和經驗豐富的公園設計師——英裔的卡爾弗特·沃克斯（Calvert Vaux）——攜手合作，在一場競圖中脫穎而出，為高度開發的紐約市北緣一大片新闢的開放空間進行設計。一八五八年起，相關規劃逐步落實。這個公園下凹式的道路、少量的形式元素、開放空間、大片未修剪的植被，用意是要讓遊客逃離高強度的都市生活，和緩地獲得獨特的個人體驗。

巴黎也有類似中央公園的地方，那就是肖蒙山丘公園，另外還有讓中央公園相形見絀的布洛涅森林。肖蒙山丘公園由喬治·奧斯曼男爵建設，是推動巴黎大規模現代化的一環，由尚－克勞德·阿爾方（Jean-Claude Alphand）設計，並在一八六七年開放。肖蒙山丘公園將城市東邊廢棄的採石場和光禿禿的山坡，改造成混和了形式和自然的區域，就算在一百五十年後也依然很有吸引力。布洛涅森林兼具正規嚴謹的區域和自然地帶，能夠滿足拿破崙三世的期待，在巴黎有個足以和倫敦海德公園並駕齊驅的公園。回到北美，奧姆斯德和他的同事持續參與大型景觀公園的規劃設計，像是蒙特婁的皇家山公園、底特律的百麗島公園，布魯克林的展望公園則是他的得意之作。他避開對稱元素，採用又長又彎的草徑、形狀不規則的湖泊，還有蜿蜒曲折的小路，創造一種都市裡的鄉村感。奧姆斯德力圖讓個別公園成為整個大系統的一部分。他和他的規劃公司參與的基地設計有：芝加哥傑克遜公園到華盛頓公園的園區、紐約州水牛城的公園系統，還有肯塔基州路易維爾的綠帶系統。

有奧姆斯德這位名人加持，美國人首次得以從公園發展的角度，體會到區域規模的系統規劃。在美國推動設立都市公園的全國性運動中，奧姆斯德也是其中一員，跟其他景觀設計師一起追尋共同的目標。《符合西方需求的景觀規劃》（一八七三年）的作者克里夫蘭（H.W.S. Cleveland）在一八八〇年代為明尼亞波利斯和聖保羅設計了一套全面的公園系統；喬治・凱斯勒（George Kessler）也在一八九〇年代為堪薩斯城做了同樣的規劃。

大波士頓的區域公園系統由大都會公園委員會規劃，在一八九三年建置完成，根據奧姆斯德的計劃持續擴增，到一九〇二年面積已達一萬五千英畝、水岸線十英里長、綠帶二十二英里。二十世紀初期的區域公園系統，如芝加哥外圍的庫克郡森林保護區和丹佛山公園，在汽車當道的時代繼續推行區域開放空間規劃。這些規劃要求市政領導人必須思考區域規模的人口成長、土地利用和景氣循環情況，想辦法在需求出現之前就先取得土地，且經常將不適宜開發的環境敏感區域如陡坡、沼澤、湖畔、溪澗河道，轉成公園或綠帶。

都會區為了應付人口成長，持續經由區域公園體系或業務機構，取得城市邊緣未開發的土地，並想辦法保護它們。市政機構負責維護傳統的大型公園，提供靜態和動態的娛樂活動，有時候當不同階級和族群的優先權產生衝突，也得介入處理——要顧慮散步的人，還是騎越野單車的人？要蓋壘球場或足球場，還是花圃？該作開放式草原，還是餐廳（在十九世紀，就是該把空間留給出來散步的上流社會人士，還是蓋啤酒花園）？除此之外，市政當局也要管理小型的鄰里公園、兒童遊戲場和青少年的運動場。

講到公園和開放空間規劃，就牽涉到公平性問題。是否應該在為時已晚之前，撥出資金盡快取得都市邊緣的開放空間和自然區域，然後讓有汽車的富裕居民可以享用越來越多的開放空間？還是這筆錢比較適合用來開發和改善貧窮的市中心鄰里公園，幫助比較沒有移動能力的市中心居民？座落在低收入區域的公園，有辦法跟那些位在富人區、居民又懂得遊說政府的公園，獲得同樣程度的關注嗎？這些公園是人人都可以親近，還是只歡迎特定少數？洛杉磯郊區的萊克伍德號稱「當代的明日之城」，此城市在二戰後漸漸發展起來，數十個公園和遊戲場將整個發展區域切分成不同社區。每個鄰里的居民都主張擁有「自己的」公園，小孩子只有在朋友邀請時才會踏足其他公園。一九九〇年代，拉丁裔和非裔美國人居民開始取代原本的白人家庭，共用同一個公園很容易成為衝突點。根據之前萊克伍德的居民阿里達．布里爾所言，問題就是萊克伍德已經發展出「一種俱樂部的感覺——那種感覺是既然大家都一起開始在這裡生活，居民就有權認定自己是終生『特許會員』」。

為都市代謝作用添柴加火：能源和水

都市就像生物一樣，具有新陳代謝的機制。都市會吸收能量和資源，將之部分轉換為城市的空間結構，並產生廢棄物。有些資源輸入不需要人為介入——像是隨風流動的空氣、隨潮汐起落的水。有些資源則要刻意引入：城市從鄉間要來木頭、礫石、砂土和其他建築材料，也要天然氣跟電力。城市為了自己的工廠、消費商品和食物，持續輸入各種東西。卓越的工程壯舉，加上創新的制度安排，水便流過廚房水龍頭、消防栓及工廠閥門。有些輸入的東西留在城市裡，為人們的日常生活提供支持，或者隱身在建築物裡或路面上；有些則改變形式，成為一堆廢物。城市製造出多餘的熱能、排放微粒和化學物質到大氣中、讓草坪肥料和街道上的殘渣被沖到溪流裡，然後把垃圾和瓦礫碎磚運到幾百英里遠的掩埋場。從這種根本的角度來看，都市應該被當作更大的自然世界裡的一部分來規劃。

城市仰賴三種大規模的綜合設施系統。交通設施是最顯而易見的。居民在人行道上行走、在腳踏車道上騎車、在街道和高速公路上開車、搭乘電車和地鐵、傳簡訊叫車、閃避送貨車、到機場搭飛機。如果有適合的地方，可以看到鐵路貨運場；如果在港口城市，就可以瞧瞧貨櫃碼頭的大型起重機。

能源設施比較不容易看見。一世紀前，一堆堆的煤被直接運送到個別家戶、工廠和氣化廠；現在多數都市能源都是靠高壓電線和氣體管線從遠方輸送過來。冰風暴讓我們知道這些電纜線其實很脆弱，偶發的爆炸事件也提醒我們氣體管路容易損壞，但我們打開電燈或調高空調時，通常沒怎麼意識到這些基礎設施。

第三種大規模的基礎設施系統負責運送水。一組管線從遙遠的源頭處把水輸送到個別的水龍頭；另一組排放街上的雨水；第三組收集家戶汙水及事業廢水，處理之後再排放回附近的河川和湖泊。下水道常令人感到噁心，但它們常被想像成一座隱密的地下城市。雨果的《悲慘世界》裡，主角尚萬強穿越過奧斯曼男爵新建的巴黎地下水道，水道跟上頭優雅的林蔭大道互為表裡。當代的忍者龜則是在紐約的地下水道裡開開心心地閒晃吃披薩。

能源和水將廣大的偏遠地區和都市人的日常生活連結起來，城市也越來越深入那些資源生成的地域。美國第一個「長距離」輸送的水力發電發生在一八八九年，傳輸了十四英里送到奧勒岡州波特蘭市。半個世紀之內，大古力水壩就把電送到數百英里遠的波特蘭和西雅圖；胡佛水壩發的電越過莫哈韋沙漠，照亮了洛杉磯。在美加邊境北邊，溫尼伯利用納爾遜河流入哈德遜灣之

圖8｜19世紀城市投資在現代下水道系統的心力和金錢，跟花在新街道的差不多。歐洲和美國城市出現了很多這方面的專家和專業知識。一位英國專家威廉．林德利（William Lindley）為德國漢堡設計了一套新的下水道系統，他也曾經在華沙和布達佩斯服務過，這套系統後來成為芝加哥模仿的範型。

前的水力。美國西南，一九六二年墾務局在科羅拉多河上蓋了格倫峽谷大壩，啟發愛德華・艾比寫出高潮迭起又趣味橫生的小說《猴子歪幫》（一九七五年），描寫一群人奮力阻撓大規模的能源生產計畫的故事。

如同《猴子歪幫》的情節告訴讀者的事，都市人靠著遠方的露天礦場和燃煤發電廠，供應家裡需要的電力和維持工廠運作。昆士蘭省的很多地方化為煙塵，來為中國、韓國、日本的工廠提供能源；為了讓燈泡和電爐順利啟動，一大部分的懷俄明州也在火裡煙消雲散[30]。懷俄明州的煤被綿延數英里的巨大火車載運著，穿越地景，為蒸氣廠提供燃料，讓中西部大學學生的電腦可以運作，維持達拉斯、休士頓、奧斯汀的交通號誌紅綠燈號的循環。

全世界的電影愛好者都曾經從無數西方經典電影中，見過紀念碑谷的景致。就在紀念碑谷不遠處，一個一九七〇年代早期就開發、位於黑山的巨大露天礦場，

---

30 譯註：懷俄明州位於美國西部落磯山區，礦藏豐富，是美國產煤大州，用於發電和煉鋼。但21世紀之後，市場力量從煤炭轉向天然氣和可再生能源，懷俄明州煤炭產量急劇下降，煤炭行業面臨挑戰。

為納瓦霍發電站供應燃料，再將電輸送到鳳凰城和洛杉磯。隨著艾比書中的主角環保運動分子精心盤算要如何搞砸種種設施，他也為這個運作體系下了一個簡潔的總結，連帶哀嘆了一番：

> 所有這些令人目眩神迷的東西——大型機器、道路路網、露天礦、輸送帶、導管、泥漿管線、裝載塔、鐵路和電車、上億元的燃煤發電廠……要幹嘛？要這一切幹嘛？何需為尚未建成的鳳凰城郊區點燈？為聖地亞哥和洛杉磯裝空調？在凌晨兩點為購物中心的停車場提供照明？

水會產生電力，的確可以服務到遠方的城市，但城鎮其實也很需要水。自從一八二二年費城在斯庫爾基爾河上蓋了北美第一個由蒸汽驅動的市政供水系統，正在經歷工業化的城市就已經開始探索偏遠地區來尋求水資源。一八四二年紐約接通了西徹斯特郡克羅頓流域的水源，當時還舉辦了盛大的慶典。科羅拉多州幾個大城市都位於北美大草原的乾燥地帶邊緣，其開發觸角都已經伸進落磯山脈，甚至從山脈下方穿過。相較之下，墨爾本和雪梨位在相對多雨的澳洲東緣，就在鄰近地區蓋了多個小型的水壩和水庫。

依賴深水井的城市容易遇到某些問題。不夠好的土地利用法規可能容許水源地太靠近工業區，而使地下水受到汙染，就像邁阿密的遭遇。大部分的墨西哥城是蓋在乾涸的湖床上。從水井裡把地下水抽上來之後，土地就會乾燥崩解，墨西哥城部分區域在二〇一〇年代每年都下陷五英寸以上。供水成為地方規劃的課題，環保人士主張雨水滲透對於地下水補充至關重要，反對新住宅區開發導致土地被蓋滿——這是墨西哥城要面對的問題，也是德州的聖安東尼奧和許多其他城市擔憂的事。

誰掌控水，誰就決定不動產的價值和工業的未來，像美國西南部這種乾燥的地區更不用說。物以稀為貴；事物只要被標上價格，就有可能會走向腐化。這個道理貫穿電影《唐人街》（一九七四年）的劇情，北美最知名的水權政治事件被濃縮改編成劇本，背景是從內華達山脈東邊的歐文斯谷取水，為洛杉磯提供用水。這是一個關於市政野心、工程傲慢，以及洛杉磯帝國和歐文斯谷一起狼狽為奸的故事。以都市規劃來說，洛杉磯若有充足的水源，就能夠併吞寬闊的農業地帶聖費爾南多谷，為二戰後大規模郊區化做好準備，「大概就」、差不多是「谷地女孩」出現的那種背景環境吧[31]。

永續與循環的城市

城市為了得到水資源付出巨大代價，但他們仍可能耗盡這些資源。二〇一七到二〇一八年持續乾旱，讓供應開普敦市用水的水庫幾近乾涸，已經差不多來到水龍頭流不出水的「零日」。開普敦的危機讓大家注意到有三個E要能夠永續：經濟（economy）、環境（environment）、公平（equity）。中央政府和州政府由不同政黨掌控，且各有責任分工，加上維護基礎設施本身就乏味無趣，代

31 譯註：「谷地女孩」（Valley Girls）這個詞彙起於1979年代，指洛杉磯聖費爾南多山谷富裕中產階級的年輕白人女性。這些女孩說話有種特別的腔調和一套特別的語彙，例如每句話幾乎少不了「大概就」like這個語助詞，這種說話方式稱為「谷語」（Valleyspeak）。1980年代這種「谷語」流行全國，成為青少年的時髦語言。

表不會為了要配合四百萬人口的大都市持續成長的需求，就撥付資金來擴增設施的儲水容量。整個體系孤注一擲，只靠一年一度的雨季來為山上的水庫補水，這種模式很可能因為氣候變遷而變得不穩定。用水日的倒數，凸顯了一個經濟條件和種族差異很大的城市裡，供水的服務也是不平等的。「零日」的說詞和嚴格的用量控管（二〇一八年一月，每人每天的用量要減到五十公升）有助於說服中產階級減少用度，但卻激怒了低收入的居民，他們認為自己使用水資源的權益因為階級和種族的緣故受到不公平的對待，於是喊出口號「雨露均霑，城市不衰」（Water for all or the city must fall）。事實上，開普敦人已經把每天的人均用水量從兩百公升降到一百二十五公升了，而美國一般的人均用水量是三百四十公升。大雨再次來臨，紓解了開普敦的危機，但大都市快速發展和供應失衡所形成的落差仍未解決。巴西聖保羅多年前也經歷過一樣的事，缺水的原因不同，但政治方面的影響卻是類似的。

缺水問題既是危機，也是轉機，有機會讓城市往永續方向邁進。規劃者考慮的永續，是要幫城市減少生態足跡，讓城市所需的資源能夠存續，留得青山在，不怕沒柴燒。舉例來說，用水量在一年內不應超過正常的供給替代量。當前面對氣候變遷，基準線也不斷浮動。靠高山積雪填充水庫的城市可能需要減少對成長的期待。墨西哥城在二〇〇九到二〇一一年間遭遇連續乾旱，聖保羅則發生在二〇一四到二〇一六年、開普敦在二〇一七到二〇一八年、澳洲幾個城市在二〇〇三到二〇一二年間遇上千禧年乾旱、加州幾個城市在二〇一二到二〇一七年間不得不採取各種手段來因應大旱。城市可以尋找其他供應水的方法，像是雪梨、墨爾本、阿德雷德和伯斯的海水淡化廠，或者試著以長期措施來減少淡水需求，而不只是針對草坪灑水和洗車實施緊急限制。沙漠城市可以推廣旱生園藝，以適應乾旱環境的本土植物取代需要大量水分的草和灌木。使用過的「灰水」還有很多洗滌以外的用途，汙水處理廠處理過的水也可以被充分利用——缺水的高爾夫球場正是首選。

永續發展規劃大多還是在談如何減少對石化燃料的需求，意欲以當地生產的太陽能取而代之。前者需要個人行為跟著配合調整，搭配重視能源效率的新建築物標準規範。推行太陽能光電需要土地分區法規的支持，依日照權規定對建築物實施高度限制，並且授權建物退縮範圍。想要以屋頂太陽能板來促進可再生及分散式能源生產，其建築法規、誘因和土地分區的細節在各城市都不相同，但這種發展趨勢是無庸置疑的，其中澳洲和歐洲的城市尤其領先。一百五十萬個澳洲家戶都有安裝屋頂太陽能板發電，其中四分之一都位於伯斯。德國的弗萊堡是太陽能研究及製造的重鎮，採行一種名為「太陽區」的策略，對新建築的能源規範非常嚴格。至於跟日照權相關的土地使用分區，目標則更具體，這種作法起始於一九一六年紐約通過的土地分區管制條例，規定摩天大樓從街道邊緣向後退縮，好讓陽光照進街道，造就了曼哈頓一九二〇和一九三〇年代獨特的廟塔型高樓。

注重永續的城市也試圖縮減交通運輸的燃料需求，以改善空氣品質與對抗全球暖化。已開發國家的重要目標，是要減少一般人開車的總里程數，亦即每人平均的「車輛行駛里程」(vehicle miles traveled，簡稱VMT)。無論是鐵道系統或步行，只要是汽車運輸以外的選項，都可以減少VMT；土地使用法規和作法若有助於創造緊密連通的鄰里，對降低VMT同樣有效。城市所構建出的社會關係如果緊密又健康，也會是比較永續的城市。美國、加拿大、歐洲和澳洲城市從一九九〇年代之後變得越來越稠密，更高的人口密度，有機會降低單一乘客往來交通所使用的能源，休士頓是一個極端，香港和胡志明市又是另一個極端。澳洲研究者以伯斯為範本，計算出高密度發展的城市若鼓勵步行，跟仰賴汽車的城市裡的居民相比起來，他們所產生的溫室氣體和廢熱都少了一半，家戶和建築廢棄物的量也少得多。

針對未來的規劃，要是有上千台隨叫隨到的車滿街跑，司機隨時等著叫車訊息，想靠這樣來取代私家車輛，恐怕效益不大，這一點非常重要。叫車服務吸走了使用大眾運輸、走路、騎自行車的人，連原本自己開車的人也給拉過去了。紐約的情況顯示這些服務導致街道阻塞、拖慢移動速度，不但沒能讓行進加快，反而增加燃料用量。零售業式微，線上購物和家戶包裹貨運流行，讓網路塞車跟燃料消耗的情況更雪上加霜。同時，比起依賴汽車的都市，在大眾運輸發達的城市裡，人們因為交通移動所造成的傷亡也比較少。

太陽能、省水、減少開車，都是讓城市「變綠」的方法。種樹和復育河川可以綠化地表，為人類、動物、植物帶來更健康的城市環境。恢復城市裡的自然系統比狹義的永續效益更大，絕不僅僅是計算能量的淨流動或想辦法減少淨輸入而已。規劃者想要推動友善生物城市，讓自然環境時刻以各種形式存在，近在咫尺，人人可親；另外還有再生城市（regenerative cities），以充滿生機的生態系統來支持、恢復生物多樣性。這些目標透過各種政策計畫進入規劃程序之中，搭配一系列環境目標，以促成跨單位的行動，除了土地利用與開發部門之外，還有公園、交通、教育、社區服務等市政單位。奧斯陸有「綠色基盤計畫」，威靈頓則正在實施「生物多樣性策略及行動計畫」。

城市很熱——不只是引領潮流的關係，也因為城市會從陽光、數不清的車輛與暖氣爐收集及儲存熱能。磚頭和水泥會吸熱，高樓讓空氣流動減慢，阻礙散熱。最後導致都市熱島效應，市中心的溫度總是比外圍區域高上幾度。解決方法就是要把城市變綠：保有綠地公園、將空地轉成社區園圃（community gardens，美國用語）和市民農園（allotment，英國用語）、在建築物頂部設置綠屋頂而非屋頂板或瓦片、種樹以增加城市裡的樹冠覆蓋率。綠樹成蔭的鄰里街區比旁邊的瀝青叢林涼多了，地產增值更是附加的好處。

新加坡是一個城市國家，曾經宣告要成為「花園中的城市」，並把綠化作為優先任務。種樹和公園帶為這個島國增加綠地面積占比，從一九八六年36%上升到二〇〇七年的47%。由高層建築構成的市中心正是實踐綠牆、綠屋頂、綠陽台、空中花園的最佳地點。二〇〇五年在市中心成立的國家圖書館就有好幾個花園和一座綠色空中庭院。公共藝術也延續了同樣的主題。濱海灣花園裡的天空樹——在電影《瘋狂亞洲富豪》裡出現過——就像巨大的金屬蘑菇和裝飾著綠色植物的漏斗。

乾淨、自由流動的水是另一種天然冷卻劑。很多發展中的城市覺得天然的溪流很麻煩，於是就用不自然的方法來處理溪流：用水泥圍成堤岸、填埋溪流、鋪設涵管。綠色城市則想方設法復原這些已經硬化的水路。被埋藏起來的溪流可以「開蓋」；道路底下的涵洞可以改造成魚的通道；河堤上的水泥可以移除，好恢復植被。

英國伯明罕本身沒有河流，卻有長達一百五十英里自由流淌的運河河道，蜿蜒穿過鄰里街區和線形公園。首爾的清溪川復育行動讓一條過去被埋藏在高架道路下方的溪流重見天日。六英里長的洛杉磯河——電影愛好者都知道《魔鬼終結者2》追逐戲裡有一段水泥U型河道——又恢復成兩旁有植被的自然堤岸，能夠幫忙吸收雨水。就像其他綠色倡議行動，種種努力都是廣義的規劃，含括交通、土地利用、公園、汙水與水利事業單位間的協調，社區組織也常常居中協力。

樹和水共同成就了都市動物群的復育，蜜蜂、鳥和哺乳類都回來了。在太平洋西北地區，野生鮭魚曾經存在於整個河域系統裡，如今開蓋的都市河流幫助牠們能夠遷徙和生存。愛德蒙頓彙整出一套工程手冊，指導如何做有野生動物通道的道路設計。想讓城市對人類和野生動物來說都很安全，需要眾人的合作，而且常需要公民運動人士和社區團體參與，並與政府機構共同協力。其他跟永續相關的行動，如專業的土地利用規劃，也是整個努力的一部分。公共開放空間的設計更是不可忽視。長期以來，規劃者都努力在運動場和宮廷花園這兩種需求之間找平衡，但如果現在是想安安靜靜野餐和賞鳥的話，也不妨考慮看看，是不是要留下一些完全不開發的區域——這態度跟規劃專業長期以來要促進發展的立場很不一樣。

第七章

非自然災害與韌性城市

城市又在築牆。在十九世紀，數百年來用於防範外來者和控制貿易的城牆，對正邁向現代化之路的歐洲城市來說已經不敷使用。維也納寬闊的環城大道取代了舊城牆，布魯塞爾拆除了十四世紀的城牆，修建「小環」道路。愛沙尼亞的塔林、西班牙中部的托雷多和克羅埃西亞西南的杜布羅夫尼克，現在都已經擴展到防禦工事圍起來的中心區域之外，留下古意盎然的城牆壁壘，讓二十一世紀的遊客和拍片的人細細品味。南京也保留了為數可觀的歷史城牆，儘管如今也已發展成八百萬人口的大都市。

不過，近幾十年來屏障又出現了。有些是要保護都市的居民，但不是要防外人，而是要防範彼此。分化的城市不只有種族和宗教隔離的狀況，正如規劃理論學者史考特．波倫斯（Scott Bollens）所言，「還帶著某種深刻的敵意和對立，用『分歧』（divided）這個字眼還不足以形容」，有時候會導致暴力，必須靠實體的牆來阻隔。

城市也利用實體屏障來應付自然的考驗。荷蘭長期以堤防和幫浦把北海向外推，造出新土地；曼谷和紐奧良這些有河流經的城市，防洪堤越蓋越高；海平面上升驅使各地紛紛推行大規模公共建設，用牆把倫敦與北海隔開、把威尼斯與亞德里亞海隔開、把雅加達與爪哇海隔開。

圍牆和障礙點出「韌性」這一複雜的課題：城市該如何避免或緩解社會與政治方面的衝突？該如何應對全球氣候變遷帶來的環境壓力？城市一直都在處理人口和經濟變遷造成的漸進壓力，這也是大部分都市規劃的關注重心，但城市也會面臨突然的災害：軍隊入侵占領、內戰讓城市變成戰地、颱風導致淹水、地震把城市震成一堆瓦礫。所有災害都是人禍，無論是人類的暴力直接造成的，還是人類讓自己變得脆弱、受不住環境或地球變動所招致的「反常」後果。

內部衝突

城市是恐怖主義的主要對象，也是內部衝突的焦點。恐怖主義——為了政治目的，無差別殺戮一般老百姓——在暴力政治事件的光譜中位於中間區段，光譜一端是暗殺和劫持人質，另一端則是對抗入侵勢力的全面游擊戰。美國國務院的定義是：「次國家團體或祕密特務，針對非戰鬥目標所採取預謀的、出於政治動機的暴力行為，通常意欲影響群眾。」其目標是要為了某個理念累積知名度、增加壓迫者的開支，最後促成政變。恐怖分子把目標放在經濟政治權力的象徵與代表人物上，於是試圖要對鎮壓力量的中心造成痛苦和危險，就像愛爾蘭共和軍在曼徹斯特和倫敦發動爆炸行動，或如車臣反叛分子攻擊莫斯科戲院那樣。

恐怖分子選擇攻擊城市，是因為城市提供了多樣的目標，還有聚集大量人潮的公共空間，像是地鐵（馬德里、倫敦）、購物中心（奈洛比）、旅館（孟買）、運動場館（巴黎）、觀光區（峇厘島、伊斯坦堡）和公共廣場（安卡拉）；另一個原因是城市裡有地方躲。大使館和領事館也設在城市裡，有心人能間接攻擊外國勢力，比如蓋達組織在一九九八年炸彈襲擊肯亞奈洛比和坦尚尼亞三蘭港的美國大使館。區域中心如伊斯坦堡、全球中心如紐約，都是很有吸引力的目標。蓋達組織在奈洛比的美國大使館爆炸事件中奪去兩百十三人的性命、四千人受傷，但在美國本土並沒有引起多少關注。要是類似的攻擊事件發生在東京或巴黎，一定會引起軒然大波。

回應這些衝突，顯而易見的具體作法就是「防禦都市主義」，想辦法讓潛在目標更堅固，並增加對市中心的監控。都市可以利用車牌辨識和安裝閉路電視攝影機；可以封街、設檢查哨、用路障引導交通分流。一九八〇年代，英國在北愛爾蘭首都貝爾法斯特市中心周圍部分地區設置了「鋼鐵之環」，在愛爾蘭共和軍爆炸事件後，也針對倫敦市中心的金融區實施同樣的策略。混凝土護欄和檢查哨迫使入內的來車放慢速度，以進行仔細的檢查。打造行人徒步區、縮減街道寬度使往來車輛減速、減少車道，都是局部防禦的作為，以免遇上汽車炸彈，或者把車輛直接當作攻擊武器。但千防萬防，也不可能完全滴水不漏。

內牆是防禦都市主義的極端表現，將互相仇視的群體隔開，減少內部衝突；也可能因為城市區域各有山頭，導致加深衝突。柏林圍牆（一九六一至一九八九年）把同一文化的國家切分成兩個政治圈。位在賽普勒斯尼柯西亞不起眼的聯合國緩衝區把彼此交戰的希臘人和土耳其人分開[32]。這道牆穿過市中心，剛開始是英國政權下的檢查哨，在一九七四年土耳其占領北賽普勒斯之後，就變成一道實體屏障（雖然邊界禁令在南邊的「賽普勒斯共和國」二〇〇四年加入歐盟之後就放鬆了）。一九四八年第一次以阿戰爭之後，耶路撒冷的綠線（一九四九至一九六七年）把猶太國和阿拉伯國及阿拉伯人分隔開來。西岸隔離牆後來取代了綠線，把界線往東移，使耶路撒冷和西岸內的巴勒斯坦人領土變得支離破

32 譯註：地中海東部島國賽普勒斯位處地中海進入西亞地區的要衝，數千年來屢次受到外來勢力侵略或占領。1960年從英國殖民獨立出來，1974年賽普勒斯正式分裂，南部為希臘裔為主的政權「賽普勒斯共和國」，北部後來成立以土耳其裔為主，由土耳其支持的「北賽普勒斯土耳其共和國」。1974年衝突後聯合國緩衝區（United Nations Green Line）成形。尼柯西亞是兩個分裂政權共同認同的首都所在地，也是島上最大都市、世界上最後一個分裂首都。

碎。一九九〇年代初期的波士尼亞戰爭期間，莫斯塔爾的中央大街出現了一條分界線，隔開信仰基督教的克羅埃西亞人跟信仰伊斯蘭教的波士尼亞人，這條分界線因戰事而生，戰後則是因為社會壓力而繼續留下。十三英里長的和平分界線隔離牆將貝爾法斯特的基督教和天主

圖9｜貝爾法斯特的和平分界線是大量短距離的障礙物，透過封鎖街道或隔開動蕩的鄰里街區，來減少天主教徒和新教徒之間的衝突和暴力事件。從前的城市常常有城牆包圍，現代都市裡的居民可能會發現自己和鄰居中間有道內牆阻隔彼此，目的是為了減少衝突，或實施政治和種族隔離。

教鄰里切分開，此種介入方式終於讓北愛爾蘭問題這三十年來的暴力平息下來，也成為都市景觀的一部分，衝突是減少了，卻沒有完全消弭。貝爾法斯特的種族群體分布太過零散，一道牆不足以把他們都分開來；反而有十幾個分開獨立的牆面區段將工人階級的天主教街區和新教徒街區分隔開，它們都是在特定需求的情況下出現，而非基於整體的規劃。

在分裂的城市裡，規劃者若想保持中立，只做客觀的技術人員，這表現可就不及格了。他們的規劃要是沒有把膚色考慮進去，就會忽視種族差異的現實問題。比方說，在貝爾法斯特，不顧慮宗教就分配新房子給居民的話，就是無視新教和天主教街區必須分開的必要性。規劃者也對天主教區和新教區的不同需求視若無睹：天主教區的人口持續增加，新教區則力求社區穩定。以色列運用法律裁決和技術決策來達到政治目的，首先就是大幅擴張耶路撒冷的管轄區，將充滿爭議的土地利用選項（如增加猶太社區），轉換成低調的市政決策。約翰尼斯堡的種族隔離政策用大片空地、工業區和鐵路，把精心整頓過的白人區跟欠缺規劃且乏人問津的黑人社區分開。後種族隔離時代的城市則開始藉由設立區域規劃治理的機構，明確將這些迥異的區域跟單一行政機構扣連在一起，來彌補隔離政策造成的問題。

比起純粹的法規，更有效的作法是善盡平等和培力式規劃的原則。後種族隔離時代的約翰尼斯堡在兩種力量之間拉扯：一是強調土地利用模式的傳統集權管理，二是強調要促進社會經濟機會、以社區為基礎的新興發展方式。在南非的情境裡，因為重視社區跟非營利組織參與，開發規劃的內涵與技術變得更多樣，挑戰傳統英國城市規劃的作法。範圍縮小一點來看，尼柯西亞的希臘和土耳其社群都固定住在各自的地域，如此地方官員便有機會透過實際需求來促進合作，像是要建立共用的下水道系統，也或者可以為了象徵性的目標來合作，如要復興綠線兩邊的老城區。

避免「自然」災害

我們生活在不斷變動的地表上，容易受到地水火風的影響。大氣會產生強風、龍捲風、巨大的熱帶風暴；

降雨把河川變成漫湧的洪水；風暴撲襲和海嘯摧毀沿海社區；氣候變遷漸漸改變了同一個海岸線；地質斷層滑動，大陸板塊互相擠壓震動，火山爆發；大火吞沒森林、灌木林地和城鎮。帶有風險的自然過程若遇上人，就成了「自然災害」。維蘇威火山爆發之所以成為災害，是因為羅馬人在岩漿和火山灰可及的範圍內建立了龐貝城和赫庫蘭尼姆城。加州馬里布的山丘上長滿了富含油脂的灌木，它們都有自然的燃燒週期——這本來不是什麼大問題，除非週期性的大火燒到電影明星（和其他人）家門前，對他們造成危害。

土地規劃師有義務斟酌何以他們的工作時而創造出易遭衝擊的社區，以及他們可以做什麼來減少潛在的傷害。他們的貢獻在某方面跟建築和工程在意的事情類似，另一方面跟災害對策的政治抉擇重疊，某些類型的災害就是比較適合某種規劃方法。我們知道每年有好幾十個龍捲風可能襲擊北美中部的大平原，但我們並不知道何時會發生、或是龍捲風會碰觸到哪一小塊地。龍捲風如預期地難以捉摸，發生的時間很規律，地點卻說不準。位在龍捲風走廊地帶的家家戶戶理應有防風地窖

——還記得桃樂絲在堪薩斯州被龍捲風吹走，最後跟著黃磚路來到奧茲國的故事嗎？——土地使用規範卻對防範這種事沒什麼作用。洪水又是另一回事了，雖然重複發生，但時間點並不規律，地點倒是很好預測，會反覆淹沒同樣的區域，讓規劃者可以瞄準對焦。我們可以把其他的自然災害——地震、火山爆發、颱風——在相同維度下，按照發生的頻率和地點的可預測程度來排列。太平洋西北地區每數百年就有一次大地震，但很難知道下一次什麼時候來到——是我寫下這段話後再過一小時，還是一百年後。

社區的脆弱程度也不同。脆弱程度指的是受特定災害所可能導致的傷亡和破壞情況；是個人決定要在某個地方生活（海岸）、用某種方式蓋房子（海邊的房子，用深層打樁比混凝土打底來得安全）的結果；也是集體社會價值和決策的結果，因此有一千六百萬個佛羅里達人寧願選擇住在海邊二十英里內的範圍。反過來說，風險意味著特定災害事件導致具體程度損失的可能性。實際上，風險算是一種精算概念，顯現脆弱程度對上了危險或極端事件兩相作用的結果。颶風襲擊西印度群島的次數比侵襲紐約多，但若遇上像颶風珊迪這樣的特殊事件[33]，針對紐約的潛在總損害卻可能高很多，因為紐約的人口和投入的資本增加了它容易受害的程度。

積極主動的抗災工作必須處理經濟弱勢的問題。一個人擁有的資源越多，越有機會得到預警而逃離，因此也越可能在各種災害情境中存活下來。十九世紀，三種霍亂在歐洲和北美城市大流行。一八四九年疫情抵達紐奧良，芝加哥的新聞整理了疫情如何從密西西比河一路往上到納奇茲、孟菲斯、聖路易，接下來就是芝加哥。有錢人收到警告，建議他們離開；窮人則留下來跟命運賭賭看。卡崔娜颶風侵襲紐奧良的時候，最窮困的社區和居民受災最嚴重，因為他們無力逃走，供他們就地避難的資源也較少。

33 編按：2012年大西洋颶風季第十八號風暴，10月20日加勒比海西部生成熱帶擾動，22日發布熱帶氣旋警報，隨後增強為一級颶風登陸牙買加和古巴，後經巴拿馬而減弱，28日再度增強為一級颶風，往美國東海岸前進。最後珊迪的強度升為三級颶風，是有紀錄以來覆蓋範圍最廣的熱帶氣旋之一。而其造成美國東岸的巨大損害，該名稱已遭除名。

美國疾病管制中心有一套「社會脆弱度評估指標」，以十五個變項來衡量社區應對天災或疾病爆發的能力。放眼全球，二〇一〇年極度貧窮國家海地發生大地震，除了地震的直接影響，當地急難服務和重建的能力有限，最後導致超過十萬人喪生。同年，規模相當的紐西蘭基督城地震奪去一百八十五人的性命，該城市與國家卻有足夠的資源，能夠很快從災害中恢復過來。

面對潛在危險，社區可以嘗試興建讓他們免受危險襲擊的設施，或試著避開危險。建築方面的選擇，從防震建築到興建大壩和防波堤都算。避開危險則是要對特別危險的區域施加開發限制，亦即政治敏感的土地使用限制。

以上兩種方法，面對地震都不管用。我們無法避免地震，那些即將從聖地牙哥、墨西哥城、洛杉磯、東京、雅典，以及其他地震活躍帶上的大城市遷離的數千萬人也無法。建立準則要求新建築必須防震是一個有效的工具，能夠減少地震的危害，對橋樑和其他基礎設施進行改造，也有助於避免崩塌。只不過，要強化未加固的磚砌或石砌建築很不容易，費用和大規模量體都是問題。這個問題在義大利、土耳其和伊朗非常嚴重，來個強震就會夷平整個古城。對土地利用施加限制也是問題重重。地質學家知道城市的哪些部分建在危險斜坡或不牢靠的填土地上，但這些區域卻因視野良好或鄰近水岸而成為炙手可熱的房地產。墨西哥城市中心位於乾涸的湖床上，經一九八五年地震一搖之後，那裡的土壤液化了。後來雖歷經數次建築規範更新和老屋改造，但超過三千萬名住在危險區域的墨西哥人在整整三十二年後又遭逢第二次強震。相比之下，面積小、社會均質、與政府關係友好的基督城新實施的土地利用限制就推展得相當順利。

與水相關的災害有不同的規模。當單日內降下五到七英寸的雨，雨水從屋頂、街面、馬路、停車場傾瀉而出，堵住雨水下水道，當地溪流水位增高，城市常常就會暫時淹水。一種直觀的補救措施就是用可以吸水的自然鋪面來取代硬鋪面。城市可以推廣綠屋頂、用透水鋪面來重鋪停車場、在空地上興建滯洪池、復原自然的河道邊緣、保護濕地——所有方法都是要讓雨水滲進土地裡，而非捲入激流之中。同時，選擇用越蓋越高的防洪堤來保護有河流經過的城市，只會把洪水推到更不恰當的地方去。在密西西比河中游，保護聖路易不淹水的策略之一，就是把下游的防洪堤開幾個缺口，讓水流淹過農地而紓解城市水患的壓力。紐奧良則有一套更精心設計的系統，包含大規模的水壩、防洪堤、洩洪道，讓一部分暴漲的河水改道繞過城市，並計畫要把城市低處的防洪堤炸掉，讓水淹進一大片路易斯安那州鄉村地區。窮人通常都住在最容易淹水的最低處，無論是身在紐奧良的下九區還是孟加拉達卡的邊緣地區，都最可能成為犧牲品，來成全高價地段和整個城市。

德州休士頓位在平坦的墨西哥灣沿岸地區，與海灣、溪流交織在一起，過去一個世紀剷平越來越多原本的地景，企圖要用工程手段把洪水排出去。二〇一六年颶風哈維在德州東南部降下三十七兆加侖的雨，排水系統癱瘓，二十萬個家戶遭淹沒，數十人死亡。為了不要坐以待斃，居民開始改變策略。二〇一八年，休士頓同意借款二十五億興建河道改善工程和蓄水池等設施，保護居民免受危險衝擊，另外又買下洪泛平原上幾千棟房子，並徵收土地作為永久開放空間，讓人和資產避開會淹水的區域。

氣候變遷和城市的未來

隨著全球氣候暖化，野火在北美和澳洲發生的規模和強度節節上升——都發生在森林和內陸地區，那裡的居民喜歡鄉村或半鄉村的生活。二〇〇九年二月六日禮拜五，澳洲維多利亞州的州長警告隔天會發生該州史上最嚴重的大火。二月七日黑色星期六，他的預言成真，數處叢林大火奪走一百八十人的性命。二〇一六年，一場森林大火吞沒加拿大亞伯達省的麥克默里堡，燒毀兩千四百棟建物。二〇一八年，加州天堂鎮的熊熊野火吞噬將近七千七百戶和兩百六十棟商業大樓，至少八十五人喪生。氣候變遷使得夏天變得更熱、更乾、更長，直接導致剛剛說的這些災害，也造成希臘和葡萄牙祝融肆虐。

野火燎原時，土地使用管制這套工具的力量就很有限，但規定危險地區必須採分散發展模式，才能讓救火工作更安全也更有效率。加州超過三成的住宅位在荒野與城市的交界處，遠郊富裕的住宅區、度假勝地、退休社區錯落在樹林間。這些新來的都市人多半沒有意識到火災隱患或如何減少風險，真要做時早已緩不濟急。土地使用管制可以限制小型社區和家戶擴增，避免演變成容易導致火災的環境。奧勒岡州的土地使用制度在這方面收效良好，但在多數州和省分卻推不太動。

說到氣候變遷對都市的衝擊，水還是比火受到更多關注。從新聞記者和學術界人士的著作書名即可窺見一二：《崛起：来自新美國海岸的快訊》、《大水將至：海平面上升、城市下沉以及文明世界的重塑》和《極端城市：全球暖化時代城市生活的危險與希望》。記者寫出一篇篇關於邁阿密變成水鄉澤國和威尼斯水位漸漸上升的報導，而且一定有觀光客跋涉穿過水深及膝的聖馬可廣場的畫面。地球科學家和氣候學家努力要抑制海平面上升的速度，以避免像格陵蘭和南極冰帽崩塌的災難性事件。氣象學家衡量暖化的海洋會將熱帶風暴增強到什麼程度，並記錄海平面上升如何導致破壞力驚人的海岸暴潮更加嚴重。

對防洪壩和防洪堤這些公共工程的信心，更加深人們要固守低地海岸線的念頭。荷蘭人好幾個世紀以來都這麼做，況且一九五二年發生北海風暴和洪水災情之後，他們又興建了新的工程，所以何不就效法荷蘭人呢？英國有個巨大的泰晤士河防洪閘，將河流跟暴潮高峰時洶湧的海浪隔離開來。威尼斯希望建一組有如科幻小說形容的那種會跳出來的活動閘門，能夠在極端天氣的狀況下封鎖潟湖的三個出海口。這些閘門在二〇二〇年初完工後，很可能只有幾十年的保護效力。泰晤士河河口和威尼斯都算是相對小且各自分立的單位，要是紐約市該怎麼防護？颶風珊迪造成淹水之後，紐約市就開始推動「大U計畫」，整合防洪堤、防波堤和公園，保護曼哈頓下城，不讓噩夢重演。設計團隊把可以吸水的公園綠地這種「軟」元素也放進提案裡，因而頗受青睞，但這幾十億的計畫並沒有保護到其他行政區或紐澤西州脆弱的城市，甚至可能因為水被引導去其他地方，而使那裡情況更糟。對照起來，波士頓強調臨海街區的韌性，把公園和街道當作緩衝屏障，也增加海岸綠帶，提升吸水能力。波士頓在追求的是那種就算不知道接下來兩世代的海平面會上升兩英尺還是八英尺，都還是有意義的增量投資。

大型建設對非洲和南亞的發展中國家很有吸引力。迦納的阿克拉、孟加拉的達卡、菲律賓的馬尼拉都是非常脆弱的城市。奈及利亞海港城拉哥斯的「艾科大西洋城」是一個新蓋在海埔新生地上的迷你城市：一道八英里長、二十五英尺高的防波堤，預計將保護三十萬個有錢的居民免於海平面上升的危害，卻沒怎麼幫拉哥斯其他一千三百萬人考慮。三千萬人口的大都市雅加達飽受水災威脅。雅加達城市裡97%都是人工鋪面，排水渠道和運河常常阻塞，抽水站過載，沿海紅樹林沼澤都被砍除來蓋房子，加上抽地下水導致土壤變得密實，造成城市下沉……而爪哇海的海平面還在上升。政府用大型擋水牆來保護海岸，也只能拖個一二十年不發生大洪水，之後又實施「國家首都海岸整合發展計畫」，靠一堵大海牆把整個雅加達灣圍起來。

技術難度高的防波堤和屏障能夠抓住公眾的好奇心，也引來愛剪綵的政客，但它們是奢侈的臨時替代品。運用土地使用分區政策，來減少或禁止在沿河或沿海容易淹水的區域蓋房子，才更省錢又有效，只不過在政治上難度很高。沿海地區的屋主都要一次次回來重建，想辦法從受損的財產挽救土地價值。既有開發權經常無視土地使用計畫的各種修正。二〇一二年北卡羅萊納州命令州立機關忽略海平面上升可能對土地利用規劃造成的影響，即便該州的沿海各縣在二十年內已經增加五成的居住人口。二〇一〇年代，有十幾個州的居民在二〇五〇年將無法住人的區域蓋新房子，新屋的數量是安全地區的兩到三倍之多，該分析明確點出諾福克、查爾斯頓和科珀斯克里斯蒂這幾個地方要注意。

雅加達的問題已經夠傷腦筋，但全球暖化給都市規劃帶來的最大挑戰，當然就屬該如何處理氣候難民。接下來數十年，可預期氣候變遷將會改變降雨模式，讓農漁業大亂。靠近赤道的居民會越來越難維生，甚至連生存都有問題。西非薩赫爾地區長期的氣候混亂已經迫使上百萬非洲人遷離，大部分人只能短距離移動，但有一小部分人引發了二〇一〇年代的歐洲移民危機。乾旱迫使一百五十萬敘利亞人在二〇〇六至二〇一一年間移入城市，衝突加深以致爆發內戰。北美至今尚未面臨同樣情況，但北部各州和加拿大必須思考，一貧如洗的移民越來越多，將對經濟發展、住宅和土地利用造成衝擊。

雖然全球前景嚴峻，城市還是可以帶頭減少溫室氣體排放。工業化國家的市長和民間領袖可以在中央政府猶豫的時候，選擇採取在地行動，跟C40城市氣候領導聯盟這類組織合作，集結將近百位市長來代表七億人民發聲。到了二〇一九年，倫敦、馬德里和柏林的排放量跟尖峰值比少了至少三成，哥本哈根更是驚人地減少了61%。這些成果是靠交通投資這套熟悉的工具所達成，鼓勵居民減少開車，並落實要求節能建築的綠建築標準。

災後的韌性

災害實在不是讓城市改頭換面的好時機。建築師和設計師常覺得滿目瘡痍的城市是張空白的畫布，有機會被形塑得更好。克里斯多佛・雷恩爵士、羅伯特・虎克和約翰・伊夫林在一六六六年倫敦大火之後，為倫敦繪製了新的街道設計圖，卻根本沒有實施。一九〇六年舊金山大地震和大火之後一個月，丹尼爾・伯納姆提出了一個全面性的規劃，但舊金山人忙到沒把這事放在心上，舊金山至今還是跟一個世紀以前一樣很難找到路。柏林人在二戰的破壞之後，依據舊有的街道形式重建，追根究柢是希望讓城市趕快恢復運作，房子重新蓋好、各行各業東山再起，加上不動產無法移動，擁有一塊都市裡的土地可能是某人剩下的最後資產。鄰里社區的社會價值，也是人們期盼恢復本來城市面貌的另一個原因。

要從災害中復原，有四要素彼此相互重疊。緊急措施必須先行——搜索與救援、廢墟清理跟臨時住宅。然後要立即修復諸如水電這種基礎公共服務。在時間跟資源許可的情況下，有關當局接著修整受損的道路和建築物。後續更全面的重建可能包含推動重大的社會經濟發展，或者起碼鞏固現狀。

城市必須有計畫地朝增加韌性來努力，這牽涉到無數大大小小的努力，實體或社會意義上的都算，而非只是不切實際地幻想著要改頭換面。聯合國減災辦公室的「營造都市韌性」計畫提供八大範疇的建議，從具體措施、組織方法到制度能力面都含括在內。最後一項尤其重要，因為外來的緊急援助，往往夾帶著援助機構和非政府組織本身的企圖，尤其面對貧窮國家，更顯這些機構組織的傲慢。一個針對加勒比海地區颶風賑災的研究顯示，由上而下的救助計劃鮮少提供真正符合當地需求的支援或重建工作。倒是菲利普・伯克（Philip Berke）和提摩西・比特利（Timothy Beatley）的研究發現，「對長期發展有幫助的復原工作，最主要的可用資源就是人，以及他們的在地知識與專長。」這些發現認為採行培力式規劃，比聽信由上而下的專家意見更重要。

城市應該針對災害推行小規模的個別應變計畫。再好、再全面的應變計畫，也總會有某些地方不足或判斷失準。官僚機構有可能像二〇〇五年聯邦緊急事務管理署，在處理因卡崔娜颶風受災的紐奧良時，作風迂腐又不知變通；也許會像二〇一七年波多黎各那樣交通通訊中斷[34]。全世界的案例多到可以信手捻來。既然由上而下的應變計畫可能達不到預期的效果，城市就該分權管理，以獲取更大的彈性。例如可以設計讓未受損區域

---

34 譯註：當年美國境外領土波多黎各遭受颶風瑪麗亞（Hurricane Maria）重創，島上電力基礎設施全毀，全島大停電，淹水、交通等災情接連傳出，多處房屋倒塌，道路阻塞，多個地區被孤立，無法聯外互通。

的水管線路和電力網獨立出來；可以鼓勵成立社區行動小組，將備災責任轉到社區團體身上，如牙買加，或者像古巴那樣訓練當地居民，他們的颶風演習比一九五〇年代以來的美國民防演習更全面、更精細。這類在地的自立方案需要對百姓有信心。權貴階層在緊急狀態時常常驚慌失措，無端擔心暴民會對他們不利。平民百姓則懂得即刻展開互助行動，並跟在地組織共同合作，為復原盡一份心力。「預應式規劃」就是要藉由社區發展來增強災害應變能力，同時也推廣那些分門別類的在地管道，讓市民獲得本來就已經發展得很好的服務與設施。

金・史丹利・羅賓遜的小說《紐約二一四〇》，背景設定在一個被上升的海平面半淹沒的未來城，生動地描述了社區自我組織的種種作為。這本書設想了許多新科技，像是懸掛在飛艇下的天空村落，但羅賓遜真正要談的主題是韌性。這部小說強調，受到天氣和水所支配的自然世界一直都有很好的活力和適應力。潮汐流約束了這個「新威尼斯」的日常作息，海狸占據了布朗克斯區和紐澤西州的沼澤，蚵棚回來了，水產養殖幫忙供給城市食物。事實上，羅賓遜帶出了生態學家、地理學家、環境歷史學家的洞見，再次強調自然的功能在城市裡扮演的角色，以及自然如何成為城市的一部分。羅賓遜筆下的紐約人也有足夠的智謀來創造新的草根組織——如合作公寓、社區協會、自助團體，以維護紐約島倖存的摩天大樓。居民知道如何隨機應變。當巨大的風暴潮威脅紐約時，官僚、現場急救人員和平民百姓都投入救災。羅賓遜的未來城高度仰賴公共討論和互助合作，合作雖然麻煩，卻是讓事情變好的關鍵。

未來紐約應該可以存活下來，一如歷經一九二三年大地震之後的東京，以及卡崔娜颶風蹂躪後的紐奧良。其他城市也是。倫敦、北京、新加坡不太可能化為廢墟。現代城市跟古時候的城市不同，不只能從本身的實力受益，有時備受批評的全球經濟也能帶來好處，讓城市可以有效取得遠方的資源，而前現代地方則受制於征服或氣候變遷。同時，全球資源必須搭配在地知識和社區參與，共同發揮效用。被暴力撕裂的貝爾法斯特和風暴肆虐後的紐奧良需要都市規劃師的技術專業，但和解及重建也需要市民參與，並培力這些市民，因為他們才是在專家結案離開之後，繼續與這些成果長相左右的人。

後記：想像未來的城市

試將兩張圖像並排放在一起。其中一張是從數百位藝術家對未來之城的作品裡任意挑選——未來的城市被描繪成森羅密布的高聳建築群；另一張則是上海浦東新區的照片，天際線在夜色中閃爍發亮。兩者看起來沒什麼分別，讓人不禁要問：對於兩千萬人口的開羅和兩千五百萬人口的上海，規劃者和市民該如何回應城市的個別需求？一八〇〇年橫跨五或六英里的高密度城市，在一九〇〇年發展成二十英里的大都市，現在更擴展成兩百英里的大都市圈。在這樣的脈絡下，根據《上海市城市總體規劃二〇一七至二〇三五年：邁向卓越的全球城市》，要達到「環境友好、經濟發達、文化多元、安全宜居的城市」，怎麼樣的規劃才是最理想的呢？

隨便找個人問他對未來城市有什麼想像，很可能得到兩種答案。有些人雄心壯志，說像建築師兼發明家巴克敏斯特・富勒（Buckminster Fuller）建議的「圓頂城市」，或者像建築師保羅・索萊里把城市想成單一巨形結構，裡頭住了數十萬人。自動化建築、超高速管道列車這類氣壓運輸系統，還有未來每個車庫裡都將有一台飛天車，都是他們津津樂道的話題。另外一些人則會給出四個字《銀翼殺手》[35]——一種長久以來簡略表達反烏托邦的說法。不過，再看一遍的話，會發現當初《銀翼殺手》電影裡其實有一個强有力的假設，認為未來城市仍然保有社會活力，這概念在科幻小說裡出現的次數出乎意料地頻繁。

隨著城市和都市規劃邁入二十一世紀，眼前的挑戰是：從眾人的回應裡，透露出兩種顯著的規劃趨勢，其

35 譯註：1982年英國名導雷利・史考特（Ridley Scott）執導的經典科幻電影，背景設定於2019年的洛杉磯，由於全球環境污染，原本乾燥的氣候變得長年陰雨綿綿，城市裡人滿為患、髒亂不堪。政府宣導鼓勵大家移民其他星球。配合政令和趨勢，有一家大公司專門製造生化機器人，送到殖民的外星來統治殖民地，執行人類不堪勝任的苦工。被稱作「銀翼殺手」的特別警察負責追捕反抗禁令並回到地球的人造人。電影所呈現的未來世界高度科技化，卻同時帶著頹敗的感覺，並不是完美的新世界，呈現出反烏托邦的世界觀。

力量究竟該如何平衡？我們可以稱這兩種趨勢為「機器人城市」和「人本城市」，它們乍看非常不同，甚至可說是天壤之別。不過，當今幾個城市案例和幻設小說[36]所傳達的概念，都建議混合兩種趨勢的優勢。

機器人城市是大數據城市，有能力收集、處理巨量的即時資訊，由中央控制系統來調控交通流量、用電量

圖10｜新的上海天際線景觀已經成了亞洲急速都市化的符號，跟紐約和芝加哥天際線象徵20世紀城市的意義類似。上海浦東新區已經在河對岸建立了一個有別於舊商業區的新中心。

和大眾運輸定價。這個市場非常熱門，二〇一八年在拉斯維加斯舉辦的消費電子展，銷售智慧城市相關產品的賣家比賣遊戲的還多。此趨勢所預想的未來，一是城市裡有很多機器人到處跑來跑去（包括感覺隨時都會登場的智慧自駕車），二則是把城市當成一個巨大的人工智慧體，或有自我意志但不會動的機器人——至少在科幻小說裡是這樣。

機器人城市的運作，是要幫助都市有機體的血路運行得更加順暢，把遠端的事物也整合進來。即時資訊有助於更妥善、更有效率地使用電線來傳輸電力，或以管線來輸送水；要是即時數據能夠處理好火車和車輛的整合調度，人們就可以在同樣的道路和路徑上快速來去。值得注意的是，規劃者回應大都市圈課題的第一步，都是要改善交通接駁——中國的珠江三角洲如此，英國連接倫敦和中部城市的二號高速鐵路計畫也是如此。

靠大數據來運作的城市，需要大量的固定感應器，

36 譯註：幻設小說（speculative fiction）是一種廣泛的文學分類，包含科幻、恐怖、奇幻、超級英雄、烏托邦和反烏托邦、超自然等小說類別，共通點是都含有現實中不存在的元素。

但更依賴智慧型手機產生的海量數據，以及跟這些數據相關的產業。這些資料可發揮即時影響的效果，像是路況攝影機和GPS定位如果能連動讓交通號誌自動調整，或許有助於紓解交通癱瘓的問題。數據也會對規劃產生長遠的影響。在美國，從「臉書」朋友圈就可以讀出哪個郊區跟哪個城市是同一個生活圈。提供共乘和共享汽車服務的公司有一個龐大的數據庫，要是他們願意分享給都市規劃者的話，對交通規劃應該很有幫助。但即便如此，仰賴大數據的城市還是要小心行事，畢竟隱私是個顧慮。而且，要是自動駕駛車和送貨無人機真的在空中滿天飛，會引發多少交通事故？相形之下，洛杉磯的交通堵塞或許只能算小巫見大巫了。

人們經常把高科技未來都市想得很龐大。在二十一世紀初期，東亞和中東各國有足夠的流動資本，想要尋找投資標的，從頭開始打造全新的城市。沙烏地阿拉伯提出「新未來城」（NEOM）計畫，以一個造價五千億美金的城市作為全球金融和科技的中心（此名由來是英文的neo，意為「新的」，加上阿拉伯語「未來」的第一個字母），裡面會有摩天大樓、機器人、綠地公園，若真的建成，將位在沙烏地阿拉伯西北角的紅海沿岸。然而，眾多案例顯示，二〇二〇年代初期的機器人城市，都比較像是夢想而非現實。韓國「最智慧」的城市松島都還未充分發揮潛力。松島距離首爾車程只要一小時，距離機場、港口都很近，理論上應該是兼具智慧跟環保的全球商業中心。它具備智慧城市的元素，像是可以靠氣壓輸送管把垃圾投送到中央設施、有網路連線的公寓和水資源回收服務，但卻吸引不到什麼人來居住，因為它缺乏讓城市宜居的基礎社區服務和聯繫。相關理念在多倫多也效果不彰，Google的子公司「人行道實驗室」提議要把水岸重新整頓成「從網際網路起家的街區」，數位基礎建設詳細到告訴工人幾點要清垃圾桶。但當人們想到街區運作像宣傳的那種程度，會產生多嚴密的監控，最初的熱情就消退了。

第二種都市規劃趨勢，是以人的尺度出發，希望增加環境韌性。這套願景對街區和自然同樣重視，主張親自然城市的理念，都會區裡的水、植物、野生動物的自然系統都受到保存和復育，此概念鬆散組成「新都市主義」，認為城市的基本功能就是讓小場域和社區裡的個

圖11｜導演弗里茲．朗（Fritz Lang）的電影作品《大都會》（*Metropolis*）的廣告海報突顯未來城市有多麼垂直且巨大。此意象有力地形塑了我們對未來城市的想像。

體聚集在一起。倡議這種想像的前輩包括幾位規劃界響叮噹的人物：弗雷德里克·奧姆斯德和埃比尼澤·霍華德都試圖要在適合步行的範圍內，讓自然環境融入工業化都市之中；珍·雅各則關心城市居民如何利用街道、鄰里和公園，來開展每日的都市生活。

機器人城市是很好的電影背景——想像《星際大戰》裡科羅森星球的城市，飛天車在高樓之間左右橫掃、上下俯衝。人本城市在螢幕上就比較沒看頭。《銀翼殺手》已經是大眾想像中科幻小說典型的城市，結合了高效敏捷的科技、若隱若現的超大型建築，以及從電影《大都會》及《夜長夢多》借鑑來的黑色氛圍。飛天車在塔樓之間快速穿梭，警車在街上徘徊。金字塔建築[37]主宰了城市的景觀，乍看有點像一九四〇年代無線電傳真的機台，火舌莫名從高樓頂部竄出。探照燈光來回劃過天空，卻沒辦法照穿透室幽閉的表面。

不過，再多看一下的話，又有其他值得注意的亮

37 譯註：指電影《銀翼殺手》中，製造仿生人的泰瑞爾公司（Tyrell Corporation）的總部是一座龐大的金字塔型建築。

點。這部電影就如邁克．戴維斯所言，可說讓洛杉磯成了「末日的代表」，但這個想像出來的二〇一九年的城市其實龍蛇雜處、無秩序且活躍的。泰飛的蛇坑酒吧幽暗、危險，卻極具吸引力，賞金獵人瑞克．戴克是那裡的常客。女性穿戴復古，有人抽著菸斗或大麻煙，蒙面的舞者跟著電子音樂搖擺。街道熙熙攘攘，充滿活力，街上的亞洲臉孔顯現此地吸引了不少創業的移民。許多洛杉磯人覺得戴克買午餐的露天市場很有魅力，並不討人厭；《銀翼殺手》街道兩旁熱熱鬧鬧、琳瑯滿目的餐車、壽司店、小販，恰恰正是讓二十一世紀枯燥乏味的美國城市再活絡起來的秘訣。

這部電影提醒我們，城市的精髓——以及不可或缺的事物——並不是外在的實體，而是裡頭的人。城市是交易發生、新點子綻放、戀人幽會、有心人密謀反事的地方，科幻小說作家要是少了熱鬧的市場和人擠人的小酒館這種照例必有的場景，肯定會亂了方寸——這兩處可以找到各種商品和服務，任何人都能在這裡露面，代表衝突和恩怨糾葛隨時可能發生。社會學家彼得．蘭格提出，我們對城市的理解在兩種隱喻之間擺盪

——「都市是座叢林」和「都市是個市集」。這兩種隱喻傳達出的城市意象，都是社會關係深厚、多樣性豐富，而且持續成長變化的地方。都市叢林盤根錯節又擁擠，為了搶資源，競爭非常激烈，但都市市集則「想像城市裡，有極其豐富的活動和各種事物……市場、市集，幾乎是探索不完而且機會無窮的地方，是交換的中心。」

英國作家柴納・米耶維在《帕迪多街車站》這部作品裡，想像出一個叫新克洛布桑的城市，當地居民發揮公共空間的角色，就如理查・桑內特（Richard Sennett）這位設計批評家和社會評論家所形容的，在共享的空間裡形成、強化和受到守護的社區認同才最為強大。這並不是出於華特・班雅明的某位漫遊者（flaneurs）在巴黎街頭閒逛的客觀觀察，而是積極投入社區生活所創造出的意義。米歇爾・德塞托的《日常生活的實踐》認為抽象的計畫無法創造出城市，反而是無數個人將都市空間的意義生產出來，使用這些意義，並透過自己的感官和想像去體會它們，而非靠控制和紀律來約束。

讀者很快就發現人山人海的新克洛布桑就是倫敦的

變形版——既像維多利亞時代的都市，也像二十世紀晚期米耶維成長的城市，據他說還加了一點開羅跟紐奧良揉合而成。我們身處在一個虛構的世界，跟托爾金的夏爾[38]天差地遠——前者充滿都市感、汙穢又複雜，不像後者瀰漫鄉村風、過度可愛且關係單純。隨書附帶的地圖很像從上往下俯視大腦皮質，也許是要強調城市長期扮演資訊產出和交換地點的這種角色。城市由形形色色的鄰里街區共同組成，各鄰里按階級、生活方式、物種而有別，但同樣不斷感受到改變的壓力。一棟典型的公寓建築裡，住著一堆三教九流的「小賊、鋼鐵工人、跑腿小妹和磨刀工人」。

電影《黑豹》中，瓦干達的黃金城市伯寧・扎納就兼顧了科技和社會面的想像。從遠處看，像是公園裡座落著幾棟傳統的未來感高樓，一旁有時髦的交通工具。不過，設計師漢娜・貝希勒說她是從人際互動思考起。

38 譯註：英國作家托爾金（J.R.R. Tolkien，1892-1973）的奇幻文學作品《魔戒》（*The Lord of the Rings*）裡中土大陸（Middle Earth）內的一個區域，哈比人多居住於此，是一個風光明媚、民風自然純真的和平之地。

磁浮交通系統採用小型接駁車，如此才能服務到每個人，很多美國城市的公車和鐵路系統都辦不到。這些小型接駁車是從迦納私營的「拼客小巴」（tro tro）和類似的肯亞「迷你小巴」（matatus，計程車和城市公車的混合體）得到靈感。街上行人如織，街道的商業活動非常活絡。歷史檔案大樓位在市中心，強調社區的連續感。

熱衷觀察都市的人都知道，有個由關係和場所建立起的社會基礎結構，能夠促成彼此間的信任、推動共同的目標。像咖啡店和書店這種「第三空間」確實是營業機構沒錯，但也是人們聚集、逗留、互動的場所。公共與半公共的空間如公園、學校、遊戲場、人行道、社區花園、農夫市集和跳蚤市場，都是人們可以自由聚集的場合，而且理想上可以跨越階級、種族跟年齡的差異，自在地彼此互動。在地圖書館就是個例子，是集結了學習、自助、社區活動、個人關係於一處的重要場所。赫爾辛基稱它的新圖書館為「公民製造廠」，除了自由市場的追隨者之外，人人都喜歡公共圖書館。作家莎娣·史密斯寫下這段文字為倫敦的地方圖書館辯護：「圖書館是其中一種社會財，對各種政治立場不同的人都很重要。……它們是我們的社會現實裡很重要的一部分。」

都市規劃應該要讓城市的實體結構能夠順利地運作，並促成經濟發展和各種機會，但也有責任要保護、改善那些讓日常生活變得更豐富的小地方跟制度。要是大數據能夠有效運用來服務社區的需求，未來的城市將會更加宜居。比起搜尋引擎演算法，大部分人更喜歡可以碰面互動的公民機構。最棒的城市研究者和未來學家說，接下來的挑戰就是要在決定如何讓城市變得更智慧之前，先有智慧慎思明辨，想想怎樣才是宜居的城市。或許規劃讓每個人都能夠輕易接觸到地方圖書館，會是個好的開始。

名詞對照表

《一九六八年公平住宅法案》Fair Housing Act of 1968
人本城市 Human City
人行道實驗室 Sidewalk Labs
三蘭港 Dar es Salaam
《上海市城市總體規劃二〇一七一二〇三五年：邁向卓越的全球城市》*Sanghai Master Plan 2017-2035: Striving for the Excellent Global City*
下城 downtown
千橡市 Thousand Oaks
千禧公園 Millennium Park
千禧年乾旱 Millennium Drought
《土地使用分區管制標準授權法案》Standard State Zoning Enabling Act
《土地法》Native Lands Act
土地細分規則 subdivision regulations
大巴黎都會區 Métropole du Grand Paris
《大水將至：海平面上升、城市下沉以及文明世界的重塑》*The Water Will Come: Rising Seas, Sinking Cities, and the Remaking of the Civilized World*
大古力水壩 Grand Coulee Dam
大布里斯托 Greater Bristol
大多倫多市政府 Municipality of Metropolitan Toronto
大倫敦政府 Greater London Authority
大倫敦計畫 The Greater London Plan
大倫敦議會 Greater London Council
大海牆 Great Sea Wall
大都市圈 megaregions
大都會公園委員會 Metropolitan Park Commission
大雪梨委員會 Greater Sydney Commission
大街（美加）Main Street
大街（英）High Street
大溫尼伯大都會公司 Metropolitan Corporation of Greater Winnipeg
大環狀路 Grande Raccordo Anulare
小區 mikrorayon

小環 small ring
中城 Midtown
丹佛山公園 Denver Mountain Parks
公平式規劃 equity planning
公民製造廠 citizenship factory
公共服務社區聯盟 Communities United for Public Service
公共保護區 public reserves
公共運輸導向式發展 transportation oriented development, TOD
公園局 Parks Bureau
友善生物城市 biophilic cities
太平洋工業地帶 Taiheiyō Belt
太空針塔 Space Needle
太陽區 SolarRegion
尤斯頓 Euston
《巴比特》*Babbit*
巴西利亞 Brasília
巴克艾 Buckeye
巴思，約翰 John Barth
巴爾的摩金鶯隊 Baltimore Orioles
巴黎中央市場 Les Halles market
《巴黎和法國荒漠》*Paris and the French Desert*
幻設小說 speculative fiction
戈特曼，簡 Jean Gottmann
扎納，伯寧 Birmin Zana
《日常生活的實踐》*The Practice of Everyday Life*
月桂山 Mt. Laurel
比特利，提摩西 Timothy Beatley
世紀廣場 Centenary Square
代頓 Dayton
加拿大太平洋鐵路 Canadian Pacific Railway
加拿大規劃師學會 Canadian Institute of Planners
加勒戈斯，碧翠絲 Beatrice Gallegos
加羅，喬爾 Joel Garreau
包容性分區管制 inclusionary zoning
北下加州 Baja California
北太平洋鐵路 Northern Pacific Railway
北卡德維爾 North Caldwell
北洛普區 North Loop
卡拉巴薩斯 Calabasas
卡拉卡斯 Caracas
卡爾斯魯厄大學 University of Karlsruhe
卡薩布蘭加 Casablanca
卡羅尼河 Caroni River
《另一半人怎麼生活》*How the Other Half Lives*
史密斯，莎娣 Zadie Smith
外環高速公路 Orbital motorway
尼柯西亞 Nicosia

尼邁耶，奧斯卡 Oscar Niemeyer
左拉，埃米爾 Emile Zola
巨形結構 megastructure
巨型都市區域 mega-urban region
巨型都會 megalopolis
巨型都會（日）megaroporisu
市場南區 South of Market, SOMA
市集廣場 festival marketplace
市鎮中心 city centres
《布坎南訴沃利案》*Buchanan v. Warley*
布里爾，阿里達 Alida Brill
布宜諾斯艾利斯都會區委員會 Commission for the Buenos Aires Metropolitan Area
布洛涅森林 Bois de Boulogne
布恩維爾 Bournville
布朗克斯 Bronx
布勒內灣 Burrard Inlet
布斯，查爾斯 Charles Booth
布萊爾，東尼 Tony Blair
永續發展計劃局 Bureau of Sustainability and Planning
氾濫鉅款 cataclysmic money
《玉米餅窗簾》*The Tortilla Curtain*
瓜達拉哈拉 Guadalajara
瓦茨拉夫廣場 Wenceslas Square
生物多樣性策略及行動計畫 Biodiversity Strategy and Action Plan
生產地景 working landscape
生態建築 Arcologies
伊夫林，約翰 John Evelyn
伊利諾中央鐵路 Illinois Central Railroad
伊莫拉 Imola
伊塔蒂亞亞國家公園 Itatiaia National Park
伍德，伊迪絲・埃爾默 Edith Elmer Wood
伍德蘭市 Woodlands
光輝城市 Radiant City
全球規劃教育聯盟 Global Planning Education Association Network
共和廣場 Place de la Repbulique
再生城市 regenerative cities
《冰河世紀》*The Ice Age*
列斐伏爾，亨利 Henri Lefebvre
《印度群島之探勘、人口規劃及安撫條例》Ordinances for the Discovery, the Population, and the Pacification of the Indies
《印度群島法》Laws of the Indies
印第安納波利斯公民協進會 Indianapolis Civic Progress Association
吉布斯，洛伊絲 Lois Gibbs
吉百利 Cadbury

多西亞迪斯，康斯坦丁諾斯 Constantinos Doxiadis
多倫多市 City of Toronto
安斯坦，雪莉 Sherry Arnstein
州長官邸 Palace of the Governors
成長極 growth poles
托倫斯 Torrance
托班加峽谷 Topanga Canyon
托雷多 Toledo
托爾金，J.R.R. Tolkien, J.R.R.
灰點 Point Grey
百麗島公園 Belle Isle Park
米耶維，柴納 China Miéville
米納斯吉拉斯州 Minas Gerais state
米蘇拉 Missoula
自願式更新 incumbent upgrading
艾比，愛德華 Edward Abbey
艾科大西洋城 Eko Atlantic
艾倫，伊萬 Ivan Allen
艾爾斯伯里 Aylesbury
西岸隔離牆 West Bank Barrier
西徹斯特郡 Westchester County
西賽德 Seaside
伯克，菲利普 Philip Berke
伯明罕城市大學 Birmingham City University
伯明罕劇院 Birmingham Repertory Theatre
伯納姆，丹尼爾 Daniel Burnham
《伯曼訴帕克案》*Berman v. Parker*
伯斯 Perth
克里夫蘭 H.W.S. Cleveland
克魯姆霍茲，諾曼 Norman Krumholz
克羅頓流域 Croton watershed
兵器廣場 Place d'Armes
利物浦街 Liverpool Street
坎伯諾爾德 Cumbernauld
希金斯大道 Higgins Avenue
杜布羅夫尼克 Dubrovnik
步行街 CityWalk
沃克斯，卡爾弗特 Calvert Vaux
沃斯特，凱瑟琳·鮑爾 Catherine Bauer Wurster
沃爾沃斯超市 Woolworth's
沙皇彼得一世 Tsar Peter I
私托邦 privatopias
肖蒙山丘公園 Parc des Buttes-Chaumont
芒福德，劉易斯 Lewis Mumford
谷地女孩 Valley Girls
貝希勒，漢娜 Hannah Beachler
車輛行駛里程 vehicle miles traveled, VMT
里加 Riga
里佛岱爾社區 Riverdale

里茲 Leeds
里約熱內盧 Rio de Janeiro
里斯，雅各布 Jacob Riis
防禦都市主義 defensive urbanism
亞當斯，托馬斯 Thomas Adams
佩里，西薩 Cesar Pelli
佩里，科拉倫斯 Clarence Perry
佩洛夫，哈維 Harvey Perloff
佩蒂，麗莎 Lisa Peattie
《夜長夢多》*The Big Sleep*
奈洛比 Nairobi
「委員會計畫」Commissioners' Plan
帕丁頓區 Paddington
《帕迪多街車站》*Perdido Street Station*
帕羅奧圖 Palo Alto
怪獸屋 monster house
拉巴特 Rabat
拉哥斯 Lagos
拉德芳斯區 La Défense
《明日：一條通往真正改革的和平道路》*To-morrow: a Peaceful Path to Real Reform*
《明日的田園城市》*Garden Cities of To-morrow*
松林地國家自然保護區 Pinelands National Reserve
林肯土地政策中心 Lincoln Institute of Land Policy
河濱市 Riverside
法爾尼廳市場 Faneuil Hall Market
波士頓－華盛頓城市帶 BosWash
波吉亞，切薩雷 Cesare Borgia
波多馬克河 Potomac River
波倫斯，史考特 Scott Bollens
波哥大 Bogota
玫瑰谷 Rosedale
社區行動方案 the Community Action program
社會脆弱度評估指標 Social Vulnerability Index
芝加哥－匹茲堡城市帶 ChiPitts
虎克，羅伯特 Robert Hooke
金色香蕉 Golden Banana
金絲雀碼頭 Canary Wharf
阿布加 Abuja
阿克拉 Accra
阿里卡拉族 Arikara
阿拉梅達公園 Alameda Park
阿迪朗達克州立公園 Adirondacks Park
阿斯頓大學 Aston University
阿爾方，尚－克勞德 Jean-Claude Alphand
《阿爾發城》*Alphaville*
阿羅約布蘭科社區 Arroyo Blanco

哈克尼 Hackney
哈姆雷特塔 Tower Hamlets
哈羅德・華盛頓圖書館 Harold Washington Library
《城市》*The City*
城市土地學會 Urban Land Institute
城市區域 city-regions
《城鄉規劃綱要》*Outline of Town and City Planning*
威利狼 Wile E. Coyote
威拉梅特山谷 Williamette Valley
威爾斯，赫伯特・喬治 H.G. Wells
後灣沼澤 the Fens
後灣區 Back Bay
《查理在新市鎮》*Charley in New Town*
查爾斯頓 Charleston
柯比意 Le Corbusier
柯普蘭，道格拉斯 Douglas Coupland
洛杉磯症候群 Los Angeles syndrome
洛普區 Loop
皇家山公園 Mount Royal Park
皇家城市規劃學會 Royal Town Planning Institute
科珀斯克里斯蒂 Corpus Christi
科斯塔，盧西奧 Lucio Costa
科普蘭，阿隆 Aaron Copland
科羅森 Coruscant
紀念碑谷 Monument Valley
紅線地圖 redlining maps
美國住房及城市發展部 US Department of Housing and Urban Development
美國屋主貸款公司 the US Home Owners Loan Corporation
美國計劃協會 American Planning Association
《美國計劃協會期刊》*Journal of the American Planning Association*
美國商務部 The US Department of Commerce
美國規劃協會 American Planning Association, APA
美國規劃師協會 American Institute of Planners, AIP
美國普查局 US Census Bureau
美景市 Belo Horizonte
胡佛水壩 Boulder Dam
英國城鄉規劃部 British Ministry of Town and Country Planning
范恩圖 Venn diagram
計劃單元整體開發 planned unit development, PUD
迪斯雷利，班傑明 Benjamin Disraeli
郊區（法）banlieues

郊區 suburb
韋伯，艾德那 Adna Weber
首都環線 Belt
倫敦，傑克 Jack London
《倫敦人民的生活與勞動》*Life and Labour of the People of London*
倫敦碼頭區開發公司 London Docklands Development Corporation
哥倫比亞市 Columbia
哥倫比亞河谷國家風景區 Columbia River Gorge National Scenic Area
哥倫比亞特區土地重建局 District of Columbia Land Redevelopment Agency
《唐人街》*Chinatown*
夏爾 Shire
展望公園 Prospect Park
庫比契克，儒塞利諾 Juscelino Kubitschek
庫克郡森林保護區 Cook County Forest Preserves
庫辛尼奇，丹尼斯 Dennis Kucinich
庫里奇巴市 Curitiba
庫哈斯，雷姆 Rem Koolhaas
庫斯科 Cuzco
朗方，皮埃爾 Pierre L'Enfant
核桃溪市 Walnut Creek
格倫峽谷大壩 Glen Canyon Dam
桑內特，理查 Richard Sennett
桑德科克，萊奧妮 Leonie Sandercock
泰瑞特，潔奎琳 Jaqueline Tyrwhitt
海松園 Sea Pines Plantation
烏特勒支 Utrecht
烏爾 Ur
特諾奇蒂特蘭 Tenochtitlan
班加羅爾 Bangalore
班奈特，愛德華 Edward Bennett
班雅明，華特 Walter Benjamin
《紐約二一四〇》*New York 2140*
納瓦荷族 Navaho
納瓦霍發電站 Navajo Generating Station
納奇茲 Natchez
納爾遜河 Nelson River
索萊里，保羅 Paolo Soleri
索波諾，東尼 Tony Soprano
索爾福德碼頭 Salford Quays
《馬丁·朱述爾維特》*Martin Chuzzlewit*
馬什，班傑明 Benjamin Marsh
馬里布 Malibu
馬里波恩區 Marlyebone
馬德拉斯 Madras
馬德羅港 Puerto Madero

高架公園 High Line
《高特羅訴芝加哥住房管理局案》 *Gautreaux v. Chicago Housing Authority*
高速公路（義）Autostrade
高達，尚盧 Jean-Luc Godard
《偉大城市的誕生與衰亡》*Death and Life of Great Americans Cities*
區域規劃協會 Regional Plan Association
國王十字 King's Cross
國家首都海岸整合發展計畫 National Capital Integrated Coastal Development
培力式規劃 empowerment planning
基拉拉 Killara
《婦女樂園》*Au Bonheur des Dames*
密爾瓦基鐵路 Chicago, Milwaukee, and St. Paul Railroad
《崛起：来自新美國海岸的快訊》 *Rising: Dispatches from the New American Shore*
巢山 Lair Hill
排他性分區 exclusionary zoning
接近城市的權利 the right to the city
曼尼托巴省 Manitoba
淨流動 net flows
淨輸入 net inputs
《深淵居民》*People of the Abyss*
混雜的城市 mongrel cities
清奈 Chenni
《符合西方需求的景觀規劃》*Landscape Design as Applied to the Wants of the West*
第三空間 Third places
第四步兵團大道 Boulevard du IVe Zouaves
細水長流的資金 gradual money
組合城市 conurbation
《脫線家族》*Brady Bunch*
莫哈韋沙漠 Mojave Desert
莫斯塔爾 Mostar
都市再生 urban regeneration
都市成長邊界 Urban Growth Boundary, UGB
都市更新 Urban Renewal
都市是個市集 city as bazaar
都市是座叢林 city as jungle
《都市規劃》*City Planning*
《都市規劃教育》*Education for Planning*
都會區 metropolitan district
都會區域政府 Metro
《雪萊訴克雷默案》*Shelley v. Kraemer*
麥卡爾，湯姆 Tom McCall
麥克默里堡 Fort McMurray

麥金姆，查爾斯 Charles McKim
傑克遜公園 Jackson Park
《凱洛訴新倫敦市案》*Kelo v. City of New London*
凱斯勒，喬治 George Kessler
勞斯，詹姆斯 James Rouse
博伊爾，T. C. T.C. Boyle
富勒，巴克敏斯特 Buckminster Fuller
提卡爾 Tikal
提華納 Tijuana
斯卡布羅 Scarborough
斯卡斯代爾 Scarsdale
斯托克斯，卡爾 Carl Stokes
斯庫爾基爾河 Schuylkill River
斯特拉特福 Stratford
斯諾赫塔設計事務所 Snøhetta
普吉特海灣地區委員會 The Puget Sound Regional Council
普辛廣場 Pershing Square
景觀的識別性 landscape legibility
森林 marka
森林湖 Lake Forest
森林邊界 markagrensa
港區輕軌 Docklands Light Railway
港灣水岸 Harborplace
《猴子歪幫》*The Monkey Wrench Gang*
《發展》*The Development*
華盛頓，哈羅德 Harold Washingon
華盛頓公園 Washington Park
華盛頓哥倫比亞特區 Washington DC
菲沙河谷 Valley Fraser
萊因－魯爾城市群 Rhine-Ruhr district
萊克伍德 Lakewood
萊亞歐提，于貝爾 Hubert Lyautey
萊特，法蘭克 Frank Lloyd Wright
萊特，威廉 William Wright
萊維敦 Levittown
蛙躍式 leapfrog
費城中心 Center City
超高速管道列車 hyperloops
雅各，珍 Jane Jacobs
韌性 resilience
黑山 Black Mesa
《黑豹》*Black Panther*
勢利分區制 snob zoning
圓頂城市 domed cities
圓環路口 roundabouts
塔林 Tallinn
塔科馬－西雅圖－艾弗雷特地區 Tacoma-Seattle-Everett
塞維亞 Seville
奧克拉荷馬圈地運動 great Okla-

homa land rush
奧克蘭理事會 Auckland Council
奧里諾科河 Orinoco River
奧姆斯德，小弗雷德里 Frederick Law Olmsted Jr.
奧姆斯德，弗雷德里克 Frederick Law Olmsted
奧斯曼，喬治 Baron Georges Haussmann
愛丁堡新城 New Town, Edinburgh
愛河地區 Love Canal
新未來城 NEOM
新民主黨 New Democratic Party
新克洛布桑 New Crobuzon
新都市主義 New Urbanism
新都市主義協會 Congress for the New Urbanism
《楚門的世界》*The Truman Show*
《極端城市：全球暖化時代城市生活的危險與希望》*Extreme Cities: The Peril and Promise of Urban Life in the Age of Climate Change*
滑鐵盧 Waterloo
當斯，安東尼 Anthony Downs
聖安東尼奧 San Antonio
聖費爾南多谷 San Fernando Valley
聖費爾南多德貝薩村 Pueblo of San Fernando de Béxar
聖塔菲 Santa Fe
聖路易斯城區開發有限公司 Downtown St. Louis Inc.
葛瑞夫，麥可 Michael Graves
葛德斯，派屈克 Patrick Geddes
解放廣場 Tahrir Square
資本第二迴路 second circuit of capital
路易斯，辛克萊 Sinclair Lewis
路易維爾 Louisville
道格拉斯，哈蘭・保羅 Harlan Paul Douglas
達文西 Leonardo da Vinci
達拉斯大都會區 Dallas Metroplex
零日 Day Zero
雷恩，克里斯多佛 Christopher Wren
雷諾茲，馬爾維娜 Malvina Reynolds
《預測》*Anticipations*
預應式規劃 proactive planning
嗶嗶鳥 Road Runner
《瘋狂亞洲富豪》*Crazy Rich Asian*
綠色基盤計畫 Green Structure Plan
《綠帶法案》*Greenbelt Corridor and Home Counties Act*
綠帶城 Greenbelt
綠線 Green Line
綠寶石項鍊 Emerald Necklace
維多利亞 Victoria

維多利亞省市區重建局 VicUrban
蒼鷺灣村 Heron Bay Estate
蓋倫，朱爾斯 Jules Guerin
蓋斯特，喬治 George Galster
豪，弗雷德里克 Frederick C. Howe
豪威克 Howick
賓，威廉 William Penn
赫庫蘭尼姆城 Herculaneum
赫頓廣場 Horton Plaza
赫默爾亨普斯特德 Hemel Hempstead
《銀翼殺手》*Blade Runner*
墨西哥城 Mexico City
廣畝城市 Broadacre City
徵收條款 taking clause
德比恩維爾，尚－巴蒂斯・勒莫恩 Jean-Baptiste Le Moyne de Bienville
德拉布爾，瑪格麗特 Margaret Drabble
德塞托，米歇爾 Michel de Certeau
摩斯，羅伯 Robert Moses
《樂一通》*Looney Tunes*
樂蓬馬歇百貨 Le Bon Marché
模範都市方案 the Model Cities program
歐文斯谷 Owens Valley
《歐幾里德村訴安布勒不動產公司案》*Village of Euclid v. Ambler Realty Company*
歐魯普雷圖 Ouro Preto
潘克拉斯區 Pancras
鄰里單元理論 neighborhood unit model
墾務局 Bureau of Reclamation
機器人城市 Robot City
歷史檔案大樓 The Records Building
澤尼斯 Zenith
澳洲規劃學會 Planning Institute of Australia
盧森堡公園 Jardin du Luxembourg
穆罕默德五世廣場 Place Mohammed V
穆罕默德漢薩利大道 Boulevard Mohammed e-Hanseli
縉紳化 gentrification
親自然城市 biophilic cities
諾倫，約翰 John Nolen
諾福克 Norfolk
鋼鐵之環 ring of steel
霍華德，埃比尼澤 Ebenezer Howard
霍爾館 Hull House
彌爾，約翰 John Stuart Mill
戴利城 Daly City
戴維多夫，保羅 Paul Davidoff
戴維斯，邁克 Mike Davis
濱海灣花園 Garden by the Bay

營造都市韌性計畫 Making Cities Resilient program
環城大道（巴黎）Boulevard périphérique
環城大道（維也納）Ringstrasse
環球都會 ecumenopolis
環境局 Bureau of Environmental Services
聯合市政府 Unicity
聯合國減災辦公室 United Nations Office for Disaster Risk Reduction
聯合統計區 Combined Statistical Areas
聯邦緊急事務管理署 Federal Emergency Management Administration
《翹課天才》*Ferris Bueller's Day Off*
舊金山－聖地牙哥城市帶 SanSan
薩夫迪，摩西 Moshe Safdie
薩赫爾地區 Sahel region
藍色香蕉 Blue Banana
雙層城市 two-tiered city
懷特，威廉 William H. Whyte
羅伯遜，海瑟 Heather Robertson
羅賓遜，金・史丹利 Kim Stanley Robinson
邊緣城市 edge city
礦山之城 Cidade de Minas
《警網鐵金剛》*Bullitt*
議會街 Congress Street
鏽帶 Rust Belt
蘭格，彼得 Peter Langer
蘭斯台德 Randstad
辯護式規劃 advocacy planning
鐵路大道 Railway Avenue
《鐵鞋跟》*The Iron Heel*
顧問公司 Associates
《魔鬼終結者2》 *Terminator 2*
變革性規劃 transformative planning

參考資料

第一章——街道和建築物

Laws of the Indies: English translation by Axel Mundigo and Dora Crouch reprinted by The New City with permission from "The City Planning Ordinances of the Laws of the Indies Revisited, I," *Town Planning Review* 48 (July 1977): 247-68.

Heather Robertson, *Grass Roots* (Toronto: James Lewis & Samuel, 1973), 39.

Comparative street patterns: https://geoffboeing.com/2018/07/comparing-city-street-orientations/

Manila: Thomas S. Hines, *Burnham of Chicago: Architect and Planner* (New York: Oxford University Press, 1974), 213, 207.

第二章——郊區是萬靈丹

Jack London, *People of the Abyss* (London: Isbister and Company, 1903), ix.

Adna F. Weber, "Suburban Annexations," *North American Review* 166 (May 1898): 616.

Disraeli quote: Peter Jukes, *A Shout in the Street: An Excursion into the Modern City* (Berkeley: University of California Press, 1990), 10 [quoting Thomas Burke].

Douglas Coupland, *Shampoo Planet* (New York: Washington Square Press,

1992), 218.
William H. Whyte Jr., "Urban Sprawl," in *The Exploding Metropolis*, ed. the editors of *Fortune* (Garden City, NY: Doubleday, 1958), 134-35.

第三章——拯救市中心

Blight: Richard Nelson and Frederick Aschman, *Conservation and Rehabilitation of Major Shopping Districts*, Urban Land Institute Technical Bulletin No. 12 (Washington, DC, 1954), 5.
Ivan Allen, *Journal of Housing*, 23 (August 1966): 458.
Margaret Drabble, *The Ice Age* (New York: Knopf, 1977), 28.
Sinclair Lewis, *Babbitt* (New York: Harcourt Brace, 1922), 1.

第四章——彼此競爭的社區

Margaret Drabble, *The Ice Age* (New York: Knopf, 1977), 25-26.
T. Coraghessan Boyle, *The Tortilla Curtain* (New York: Viking, 1995), 158-59.
Lisa Peattie, *Planning, Rethinking Ciudad Guayana* (Ann Arbor: University of Michigan Press, 1987), 16.
Leonie Sandercock, *Cosmopolis II: Mongrel Cities in the 21st Century* (New York: Continuum, 2003), 1.
John Stuart Mill, *Principles of Political Economy with Some of Their Applications to Social Philosophy*, 2 vols. (London: John W. Parker, 1848), 2:119.

第五章——大都市與都會生活圈

E. H. Bennett, "Some Aspects of City Planning with General Reference to a Plan for Ottawa and Hull," *Addresses Delivered before the Canadian Club of Ottawa, 1914-1915* (Ottawa: Rolla L. Crain Co., 1915), 7.

Governor Tom McCall, Address to Oregon Legislature, January 8, 1973, https://digital.osl.state.or.us/islandora/object/osl:16802

Megaregion maps: https://www.citylab.com/life/2019/02/global-megaregions-economic-powerhouse-megalopolis/583729/

第六章——城市裡的自然

Alida Brill, "Lakewood, California: "Tomorrowland' at Forty," in *Rethinking Los Angeles*, ed. Michael Dear, E. Eric Schockman, and Greg Hise (Thousand Oaks, CA: Sage, 1996), 107.

Edward Abbey, *The Monkey Wrench Gang* (New York: Harper Perennial, 2007), 173.

第七章——非自然災害與韌性城市

Scott A. Bollens, *City and Soul in Divided Societies* (New York: Routledge, 2012), 6.

Philip Berke and Timothy Beatley, *After the Hurricane: Linking Recovery to Sustainable Development in the Caribbean* (Baltimore: Johns Hopkins University Press, 1997), 185.

後記：想像未來的城市

Peter Langer, "Sociology — Four Images of Organized Diversity," in *Cities of the Mind: Images and Themes of the City in Social Science*, ed. Lloyd Rodwin and Rob Hollister (New York: Plenum, 1984), 100-101.

Zadie Smith, *Feel Free* (New York: Penguin Press, 2018), 11-12.

延伸閱讀

視覺化城市

Barber, Peter. *London: A History in Maps*. London: Topographical Society of London, 2012.

Hayden, Dolores. *A Field Guide to Sprawl*. New York: Norton, 2004.

Knox, Paul. *Atlas of Cities*. Princeton, NJ: Princeton University Press, 2014.

Reps, John. *The Making of Urban America*. Princeton, NJ: Princeton University Press, 1965.

Solnit, Rebecca. *Infinite Cities: A Trilogy of Atlases-San Francisco, New Orleans, New York*. Berkeley: University of California Press, 2019.

歷史

Fishman, Robert. *Urban Utopias in the Twentieth Century: Ebenezer Howard, Frank Lloyd Wright, Le Corbusier*. New York: Basic Books, 1977.

Flint, Anthony. *Wrestling with Moses: How Jane Jacobs Took on New York's Master Builder and Transformed the American City*. New York: Random House, 2009.

Hall, Peter. *Cities of Tomorrow: An Intellectual History of Urban Planning and Design in the Twentieth Century*. 4th ed. New York: Wiley, 2014.

Hayden, Dolores. *Building Suburbia: Green Fields and Urban Growth: 1820-2000*. New York: Vintage, 2003.

Hurley, Amanda Kolson. *Radical Suburbs: Experimental Living on the Fringes of the American City*. Cleveland: Belt Publishing, 2019.

Isenberg, Alison. *Downtown America: A History of the Place and the People Who Made It*. Chicago: University of Chicago Press, 2004.

Ladd, Brian. *Ghosts of Berlin: Confronting German History in the Urban Landscape*. Chicago: University of Chicago Press, 1997.

Sen, Siddhartha. *Colonizing, Decolonizing, and Globalizing Kolkata: From a Colonial to a Post-Marxist City*. Amsterdam: Amsterdam University Press, 2017.

Spain, Daphne. *How Women Saved the City*. Minneapolis: University of Minnesota Press, 2001.

都市型態與都市設計

Barnett, Jonathan. *Redesigning Cities: Principles, Practice, Implementation*. New York: Routledge, 2017.

Calthorpe, Peter, and William Fulton. *The Regional City: Planning for the End of Sprawl*. Washington, DC: Island Press, 2000.

Duany, Andres, Elizabeth Plater-Zyberk, and Jeff Speck. *Suburban Nation: The Rise of Sprawl and the Decline of the American Dream*. New York: Farrar, Straus and Giroux, 2000.

Gehl, Jan. *Cities for People*. Washington, DC: Island Press, 2010.

Jacobs, Allan B. *Great Streets*. Cambridge, MA: MIT Press, 1993.

Speck, Jeff. *Walkable Cities: How Downtown Can Save America, One Step at a Time*. New York: Farrar, Straus and Giroux, 2012.

社區

Massey, Douglas, and Nancy Denton. *American Apartheid*. Cambridge,

MA: Harvard University Press, 1993.
Medoff, Peter, and Holly Sklar. *Streets of Hope: The Fall and Rise of an Urban Neighborhood*. Boston: South End Press, 1999.
Nightingale, Carl. *Segregation: A World History of Divided Cities*. Chicago: University of Chicago Press, 2012.
Rothstein, Richard. *The Color of Law: A Forgotten History of How Our Government Segregated America*. New York: Liveright, 2017.
Sandercock, Leonie. *Towards Cosmopolis: Planning for Multicultural Cities*. New York: Wiley, 1998.
Sandoval-Straus, Andrew. *Barrio America: How Latino Immigrants Saved the American City*. New York: Basic, 2019.
Talen, Emily. *Neighborhood*. New York: Oxford University Press, 2019.

交通運輸與環境

Beatley, Timothy. *Green Urbanism*. Washington, DC: Island Press, 2000.
Cervero, Robert. *Beyond Mobility*. Washington, DC: Island Press, 2017.
Downs, Anthony. *Still Stuck in Traffic: Coping with Peak-Hour Traffic Congestion*. Washington, DC: Brookings Institution, 2004.
Gottlieb, Robert, and Simon Ng. *Global Cities and Urban Environments in Los Angeles, Hong Kong, and China*. Cambridge, MA: MIT Press, 2017.
Newman, Peter, Timothy Beatley, and Heather Boyer. *Resilient Cities: Overcoming Fossil Fuel Dependence*. Washington, DC: Island Press, 2017.
Pelling, Mark, and Sophie Blackburn. *Megacities and the Coast: Risk, Resilience and Transformation*. New York: Routledge, 2014.
Sadik-Khan, Janette, and Sete Solomonow. *Street Fight: Handbook for an Urban Revolution*. New York: Wiley, 2016.
Spirn, Ann Whiston. *The Granite Garden: Urban Nature and Human De-*

sign. New York: Basic Books, 1984.

災難與韌性

Bohl, Charles C., David Godschalk, Timothy Beatley, Philip Berke, David Brower, and Edward J. Kaiser. *Natural Hazard Mitigation*. Washington, DC: Island Press, 1999.

Bollens, Scott. *City and Soul in Divided Societies*. New York: Routledge, 2012.

Klinenberg, Eric. *Palaces for the People: How Social Infrastructure Can Help Fight Inequality, Polarization, and the Decline of Civic Life*. New York: Crown, 2018.

Savitch, Hank. *Cities in a Time of Terror: Space, Territory, and Local Resilience*. Armonk, NY: M. E. Sharpe, 2008.

Solnit, Rebecca. *A Paradise Built in Hell: The Extraordinary Communities That Arise in Disaster*. New York: Viking, 2009.

Vale, Lawrence, and Thomas Campanella, eds. *The Resilient City*. New York: Oxford University Press, 2004.

巨型城市與未來城市

Abbott, Carl. *Imagining Urban Futures: Cities in Science Fiction and What We Might Learn from Them*. Middletown, CT: Wesleyan University Press, 2016.

Campanella, Thomas. *The Concrete Dragon: China's Urban Revolution and What It Means for the World*. New York: Princeton Architectural Press, 2011.

Du, Juan. *The Shenzen Experiment: The Story of a Chinese City*. Cambridge, MA: Harvard University Press, 2020.

Glaeser, Edward. *Triumph of the City*. New York: Penguin, 2011.

Graham, Stephen. *Vertical: The City from Satellite to Bunker*. New York: Verso, 2016.

Hamnett, Stephen, and Belinda Yuen, eds. *Planning Singapore: The Experimental City*. New York: Routledge, 2019.

Silver, Christopher. *Planning the Megacity: Jakarta, Indonesia in the Twentieth Century*. New York: Routledge, 2011.

Sims, David. *Understanding Cairo*. Cairo: American University in Cairo Press, 2012.

UN Habitat. *Urbanization and Development: Emerging Futures*. Nairobi: United Nations Human Settlements Program, 2016.

左岸科學人文 398

都市計劃 牛津非常短講017

City Planning A Very Short Introduction

作　　者　卡爾・阿博特（Carl Abbott）
譯　　者　賴彥如
總 編 輯　黃秀如
責任編輯　林巧玲
特約編輯　劉佳奇
行銷企劃　蔡竣宇
封面設計　日央設計

出　　版　左岸文化／左岸文化事業有限公司
發　　行　遠足文化事業股份有限公司（讀書共和國出版集團）
　　　　　231新北市新店區民權路108-2號9樓
電　　話　（02）2218-1417
傳　　真　（02）2218-8057
客服專線　0800-221-029
E-Mail　rivegauche2002@gmail.com
左岸臉書　facebook.com/RiveGauchePublishingHouse
法律顧問　華洋法律事務所　蘇文生律師
印　　刷　呈靖彩藝有限公司
初版一刷　2025年6月

定　　價　400元
I S B N　978-626-7462-65-2（平裝）
　　　　　978-626-7462-67-6（EPUB）

都市計劃：牛津非常短講. 17／
卡爾・阿博特（Carl Abbott）著；賴彥如譯.
－初版.－新北市：左岸文化：遠足文化事業股份有限公司發行，2025.06
　面；　公分.（左岸科學人文；398）
譯自：City planning : a very short introduction
ISBN 978-626-7462-65-2（平裝）
1.CST: 都市計畫
545.14　　114005628